21 NOSSAS SENHORAS

QUE INSPIRAM O BRASIL

21 NOSSAS SENHORAS

QUE INSPIRAM O BRASIL

* BELL KRANZ *

Planeta

21

Sumário

1

NOSSA SENHORA DA BOA MORTE

1

NOSSA SENHORA DA BOA MORTE

SANTA AJUDA PARA VÁRIOS TÉRMINOS DA VIDA

O culto chegou no Brasil pela Bahia e trata de uma das maiores angústias do homem, mas também está ligado a outros fins e reinícios da vida.

Qual o melhor jeito de morrer? Antes de responder à pergunta, é preciso reconhecer que essa também não é a melhor forma de começar um livro. As pessoas correm do assunto feito o diabo da cruz. Ninguém quer morrer. O fim da existência humana é, desde sempre, uma realidade angustiante e amedrontadora. Nos últimos tempos, também apavora viver além da conta, passar da hora, ou seja, quando já não se é capaz de cuidar de si ou a vida já se foi, mas os aparelhos mantêm o corpo ligado.

Cerca de três séculos antes do nascimento de Maria, mãe de Jesus, o filósofo grego Epicuro (341 a.C.-270 a.C.) tentava aplacar o pavor dos homens diante da perspectiva da finitude. A máxima do filósofo é: não há razão para temer; afinal, quando eu estou, a morte não está, quando ela está, eu não estou.

Com mais poesia é também o que diz o cantor e compositor Gilberto Gil: "A morte já é depois que eu deixar de respirar [...] Não terei pé nem cabeça/ nem fígado, nem pulmão/ como poderei ter medo se não terei coração?".

ORIGENS DA DEVOÇÃO

ONDE MARIA MORREU?

Em Jerusalém. Mas também pode ter sido em Éfeso, cidade hoje em ruínas, fundada por gregos, e atualmente pertencente à Turquia. Não se sabe com certeza. A Bíblia não informa onde Maria passou seus últimos dias nem com que idade ela se foi. Há várias versões diferentes, mas nenhuma comprovação.

Uma delas afirma que a mãe de Jesus viveu na casa dos seus pais, no Monte das Oliveiras, em Jerusalém, e lá morreu. Seu possível túmulo inclusive faz parte do roteiro dos peregrinos em visita à Terra Santa.

Já outras tradições, também de origem oriental, afirmam que, depois da crucificação do filho, Maria teria ido para a cidade de Éfeso, acompanhando o apóstolo João. Essa convicção ganhou força, considerando que, segundo um dos Evangelhos, Jesus, preso na cruz, deu a São João Evangelista a incumbência de cuidar de Maria. Para fortalecer a tradição, já no século XIX, uma freira mística alemã, Ana Catarina Emmerich, relatou visões com detalhes do cotidiano de Maria em Éfeso, da casa onde ela viveu e também da sua morte. A partir desses relatos, uma construção de pedra edificada sobre algumas ruínas passou a ser considerada a casa de Maria, a qual é visitada por milhares de fiéis todos os anos.

"Não tenho medo da morte"

Gilberto Gil

Não tenho medo da morte
Mas medo de morrer, sim
A morte é depois de mim
Mas quem vai morrer sou eu

Partir durante o sono, tranquilo, sem sofrimento, é uma das maneiras mais desejadas, menos desoladoras de passar desta para outra. E onde fica essa outra? Para o catolicismo, significa a vida eterna no paraíso destinado aos homens e mulheres justos. Aos demais mortais, pecadores, o destino é padecer no fogo do inferno ou, no mínimo, uma temporada no purgatório.

Um dos prováveis cultos marianos mais antigos, dos primeiros séculos do cristianismo, é exatamente a devoção à Nossa Senhora da Boa

Morte. Morrer bem é o que os fiéis pedem a ela, protetora dos agonizantes, dos que estão com os dias contados – os doentes terminais.

Mas como ela própria morreu? Ninguém sabe – ao menos oficialmente.

A última vez que Maria aparece na Bíblia é no Novo Testamento, nos Atos dos Apóstolos (Atos 1,14). Encontra-se orando junto com os apóstolos e outras mulheres após a ascensão de Jesus Cristo. A partir daí as Sagradas Escrituras não falam mais nada sobre a sorte da mãe de Jesus, de que forma ela partiu e com que idade.

> Um dos prováveis cultos marianos mais antigos, dos primeiros séculos do cristianismo, é exatamente a devoção à Nossa Senhora da Boa Morte. Morrer bem é o que os fiéis pedem a ela, protetora dos agonizantes, dos que estão com os dias contados – os doentes terminais.

Muitas narrativas da tradição cristã surgidas nos primeiros séculos descrevem o fim da vida terrena de Maria e a sua subida aos céus. Trata-se de textos considerados apócrifos, ou seja, não reconhecidos pela Igreja por falta de consistência histórica e consonância com a teologia. Possuem, porém, o valor simbólico, pois refletem a fé interna e profunda do povo na ação de Maria. As obras levam o título de *Dormição* ou *Trânsito* e deram origem ao culto a Nossa Senhora da Boa Morte.

Em tempos antiquíssimos, a santa era fortemente venerada e celebrada no Oriente – por volta do ano 600, no poderoso Império Bizantino, a devoção já estava consolidada, a partir de decreto do imperador Maurício. No Ocidente, foi introduzida na liturgia de Roma no século VII pelo papa Sérgio I, de descendência oriental.

Entre as obras apócrifas mais difundidas no Ocidente, uma é atribuída a São João Evangelista (apóstolo que recebeu de Jesus, quando estava na cruz, a incumbência de cuidar da mãe dele, Maria). Segundo o texto, a morte santa de Nossa Senhora foi revelada em um dia especialmente difícil para ela. Mergulhada numa tristeza profunda pela ausência do filho, ela recebeu a visita de um anjo, anunciando, para breve, o fim da sua vida na Terra. Maria então teria pedido que, no momento da sua partida, todos os apóstolos estivessem presentes e que, "ao sair do corpo, minha alma não veja nenhum mau espírito e que nenhuma das potências de Satanás apareça". Chegada a hora, os apóstolos surgiram milagrosamente, vindos dos diferentes lugares onde estavam pregando, e assistiram juntos à descida de Jesus ao encontro da mãe e à assunção da alma de Nossa Senhora aos céus. Depois, Jesus determinou que os discípulos levassem o corpo da santa para o Vale de Josafá, como também era chamado o Vale do Cédron, próximo de Jerusalém, e o colocassem em um sepulcro novo que encontrariam naquela área. E mais: que esperassem pela sua volta dali a três dias.

Após o sepultamento, os apóstolos aguardaram Jesus, que, como o prometido, surgiu três dias depois acompanhado de muitos anjos. A alma de Maria aproximou-se do seu próprio corpo, o qual saiu intacto do túmulo e foi levado aos céus.

A Assunção de Nossa Senhora em corpo e alma foi declarada um dogma pela Igreja Católica, ou seja, uma verdade de fé. Este é o último dos quatro dogmas de Nossa Senhora. A proclamação se deu em 1950, pelo então papa Pio XII, por meio do documento *Munificentissimus Deus* (em português, o mais generoso Deus). Nele, o papa apresenta os diversos elementos nos quais se apoiou, como as petições de fiéis e pastores, que cresciam em quantidade e insistência para a definição do dogma; estudos e investigações em universidades e congressos; a manifestação da fé nos inumeráveis templos consagrados a Deus em honra da assunção de Nossa Senhora, com suas imagens expostas à veneração dos devotos; a festa litúrgica da assunção celebrada desde tempos antiquíssimos no Oriente e no Ocidente; e o resultado de uma consulta ao episcopado sobre a questão, entre outros.

O mistério da assunção é interpretado pela Igreja como uma certeza, uma aceitação e devoção crescente e geral. Mas o que aconteceu com Maria antes da assunção, se morreu como todo e qualquer ser humano e depois subiu aos céus ou se partiu diretamente, a Igreja não define. A questão é deixada em aberto pelo papa Pio XII no texto da proclamação do dogma: "Pronunciamos, declaramos e definimos ser dogma divinamente revelado que: a imaculada Mãe de Deus, a sempre virgem Maria, terminado o curso da vida terrestre, foi assunta em corpo e alma à glória celestial".

No calendário eclesiástico, Nossa Senhora da Boa Morte e a solenidade de Nossa Senhora da Assunção (ver capítulo 16) são vizinhas – a primeira é lembrada em 14 de agosto; a segunda, celebrada no dia 15 de agosto. São intimamente ligadas, simbolizando o ciclo natural de vida e morte.

Boa Morte nos trópicos

No Brasil, o culto foi trazido pelos portugueses, e as caravelas lusitanas com a santa não poderiam ter porta de entrada mais inspiradora: a Bahia de

Todos os Santos. A devoção teve início em Salvador há pelo menos duzentos anos e se espalhou para outras regiões do país, em especial Rio de Janeiro, São Paulo, Minas Gerais e Goiás. Na Bahia, incorporou fortemente elementos da cultura afro-brasileira e deu origem a uma tradição reconhecida desde 2010 como Patrimônio Imaterial da Bahia: a magnífica Festa da Boa Morte. Marcada por procissões, missas, samba de roda, cozido, caruru e mungunzá, a comemoração acontece na histórica Cachoeira, no Recôncavo Baiano, que é detentora do título Cidade Monumento Nacional. O ritual afro-católico é realizado pela Irmandade da Boa Morte, formada por mulheres negras descendentes de escravos e com idade acima de quarenta anos.

> A Assunção de Nossa Senhora em corpo e alma foi declarada um dogma pela Igreja Católica, ou seja, uma verdade de fé.
> Este é o último dos quatro dogmas de Nossa Senhora.

"...elas são o alicerce africano da cultura brasileira, de nossa nação mestiça, quem sabe a pedra fundamental [...]", escreveu Jorge Amado (1912-2001) em texto no jornal *Folha de S.Paulo*.

O primeiro dia dos festejos, 13 de agosto, é dedicado às irmãs da entidade que já morreram. As mulheres saem vestidas de branco pelas ruas da cidade, entoando cantos em honra à padroeira. A imagem de Nossa Senhora morta é levada em procissão até a Igreja Nossa Senhora do Rosário, onde uma missa é celebrada em memória das falecidas. Nesse momento, algumas irmãs dizem sentir a presença espiritual das ex-integrantes da irmandade. No dia 14, acontece o enterro simbólico de Nossa Senhora, com missa e procissão noturna. As irmãs percorrem as ruas com velas nas mãos, vestindo saia preta plissada e blusa branca. Seus cânticos lembram a Dormição de Maria. O dia seguinte é de muita alegria: 15 de agosto. A Assunção de Nossa Senhora é festejada com missa, uma bela e animada procissão das irmãs, ostentando colares de contas coloridas, flores e o andor de Nossa Senhora da Glória (a face viva da Boa Morte). A filarmônica local acompanha o cortejo. A festa prossegue até o dia 17, com samba de roda e oferta de pratos típicos. Esse ritual secular também celebra

Cena da poderosa e tradicional festa da Boa Morte na cidade histórica de Cachoeira, localizada no Recôncavo Baiano. O ritual afro-católico é realizado só por mulheres, negras e com mais de quarenta anos de idade. As festividades incluem procissões diurnas e noturnas, com velas e cânticos, indumentárias especiais usadas pelas irmãs, missas, danças e comidas típicas. A tradição é Patrimônio Imaterial da Bahia.

a liberdade dos escravos. Segundo as irmãs, a devoção está relacionada ao pedido das africanas a Nossa Senhora pelo fim da escravidão.

Na São Paulo do século XIX, era a Nossa Senhora da Boa Morte que os escravos condenados à pena capital invocavam quando seguiam para a forca. As execuções ocorriam na atual Praça da Liberdade, centro da cidade, na época chamada de Praça da Forca. A caminho do cadafalso, os sentenciados passavam em frente à igreja dedicada a ela, onde davam uma providencial parada para uma última súplica. Paradoxalmente, essa igreja, que fica no centro histórico de São Paulo, também era conhecida como igreja das "boas notícias". Por ficar situada no alto de uma colina, a partir dela se avistava quem vinha de Santos, pelo bairro do Ipiranga, e do Rio de Janeiro, pelo Brás. Sempre que alguém importante se aproximava, os sinos tocavam, anunciando a notícia alvissareira para toda a cidade, além de dar boas-vindas ao ilustre visitante. Segundo a tradição, em 7 de setembro de 1822, os sinos dessa igreja teriam saudado dom Pedro I logo após a proclamação da Independência.

Liberdade, esperança, boas-novas, término e recomeço, vitória da vida sobre a morte... Nossa Senhora da Boa Morte simboliza mais do que o simples fim do ciclo biológico do ser humano. É a mãe que protege durante a vida e no fim dela.

"Oração a Nossa Senhora da Boa Morte"

Manuel Bandeira
Fiz tantos versos a Teresinha...
Versos tão tristes, nunca se viu!
Pedi-lhe coisas. O que eu pedia
Era tão pouco! Não era glória...
Nem era amores... Nem foi dinheiro...
Pedia apenas mais alegria:
Santa Teresa nunca me ouviu!...

Do livro *Estrela da Manhã*, de Manuel Bandeira, que escreveu vários poemas com viés religioso. No papel de precursor do movimento modernista, foi chamado pelo conterrâneo Mário de Andrade de "São João Batista do modernismo brasileiro", também nome do cemitério carioca onde há o Mausoléu da Academia Brasileira de Letras, no qual, em 1968, aos 82 anos, Bandeira foi sepultado.

RELIGIÃO PELA ARTE

Galeria Tretyakov, Moscou, Rússia

ÍCONE DA DORMIÇÃO

Obra bizantina que representa a Dormição, título de textos apócrifos (não reconhecidos pela Igreja) de tradição cristã dos primeiros séculos e que descrevem o fim da vida de Maria na Terra e sua subida aos céus. No ícone *A Dormição*, pintado em 1392, pelo artista grego bizantino Teófanes, o Grego, Maria está deitada e rodeada pelos apóstolos. No centro, Jesus transporta no colo a alma da sua mãe.

LUGAR DE COMUNHÃO

Eduardo Favoretto/Criar Imagem

A BOA MORTE DOS PAULISTANOS

São Paulo ainda era uma vila, em 1810, quando ganhou a singela Igreja Nossa Senhora da Boa Morte, construída em uma colina conhecida como Outeiro da Tabatinguera, logo na entrada da cidade, atual centro histórico. Ganhou o apelido de igreja das "boas notícias", pois a partir dela podiam-se avistar as autoridades vindas de Santos e do Rio de Janeiro e então dar a notícia por meio do badalar dos sinos. Também era onde os escravos condenados à morte, a caminho para a Praça da Forca, atual Praça da Liberdade, paravam para pedir uma boa morte à Nossa Senhora.

A igreja é considerada a primeira de São Paulo onde negros e brancos podiam se sentar lado a lado.

Sua construção é muito simples, em taipa de pilão, e consiste em um dos poucos exemplares do período colonial paulista. Possui capela-mor com tribunas e altar com uma imagem da Nossa Senhora da Boa Morte. Foi tombada em 1974 pelo Condephaat (Conselho de Defesa do Patrimônio Histórico).

"ORAÇÃO A NOSSA SENHORA DA BOA MORTE"

Nossa Senhora, nossa mãe divina,
precisamos uma vez mais de vosso auxílio e proteção.
Vós sofrestes a dor de perder vosso Filho,
fazei-nos pacientes perante os desígnios de Deus,
ajudai-nos a descobrir o sentido da vida e da morte.
Ajudai-nos a ter fé, a conversar com Deus e escutá-lo.
Ó querida Mãe, abri vossos braços e abraçai... (fala-se o nome do enfermo)
e concedei-lhe uma morte iluminada por Deus.
Pedi a Deus que perdoe todas as suas faltas e seja misericordioso,
socorrendo-o (a) na passagem para a vida eterna.
Fazei-o (a) merecedor (a) na passagem da vida eterna junto a vós e a Jesus, seu Filho amado.
Nossa Senhora da Boa Morte,
peço-vos a graça de nos dar a força necessária para assumir, com amor,
as horas difíceis a serem enfrentadas, aceitando a vontade de Deus, seus desígnios eternos e impenetráveis.
Amém

Fonte: A12 Multimídia; http://www.a12.com/multimidia

2

NOSSA SENHORA DA PENHA

2

NOSSA SENHORA DA PENHA

SOBRE PENHASCOS, TEMPLOS LEVAM À TRANSCENDÊNCIA

Para penetrar no espaço sagrado da Penha, sobem-se altas montanhas. O berço da devoção é a Espanha, onde fica o santuário mariano considerado o mais alto do mundo.

No mundo dos milagres, das aparições, da transcendência, nem sempre há espaço para o rigor e a exatidão dos dados. Como afirma o teólogo e frei Clodovis Boff em *Mariologia social*, a religião popular "situa-se acima e até contra o mundo da ciência, enquanto esta traduz a lógica da natureza. Coloca-se essencialmente na esfera da 'sobrenatureza', onde a lógica não é a do mundo ordinário, mas a do extraordinário".

Inicio, portanto, pedindo perdão à poderosa Penha por derrubar o "h" do seu nome e dobrar o "n" a fim de invocar Nossa Senhora da Penna, a protetora das letras, dos jornalistas, dos escritores. Que ela envie inspiração neste mergulho ao fantástico universo do mistério e da fé. E, talvez, perdão duas vezes, ao constatar também que, segundo alguns estudiosos, Penha e Penna (ou Pena) seriam a mesma invocação da santa. Valha-me, Deus!

Seja como for, não há dúvidas de que é nas alturas que ela se instala! Sua presença está associada a penhascos, a cumes altos de rochas extensas e isoladas, as chamadas penhas, sobre as quais suas igrejas são gloriosamente erguidas. É o caso da Basílica Santuário da Penha, no Rio de Janeiro, e sua

RELIGIÃO PELA ARTE

O SAMBA E A PENHA CARIOCA

São Jorge é o santo mais reverenciado no mundo do samba, e Nossa Senhora da Penha poderia ser nomeada protetora desse que é o nosso maior símbolo nacional. Era na animadíssima festa em honra à Penha, no início do século XX, que os novos sambas eram apresentados para depois de quatro meses animarem o Carnaval.

Músicos da pesada, como Noel Rosa, Heitor dos Prazeres, Pixinguinha, Donga e Ismael Silva, estreavam suas composições ali, no alto do morro, nos domingos de outubro, quando a santa é homenageada. Junto com as missas, orações e pagamento de promessas, havia diversão, com muita música, em meio às barracas de comida e bebida das baianas, as chamadas tias, entre elas, a mais conhecida Tia Ciata. Em sua casa, foi criado o primeiro samba gravado em disco e registrado na Biblioteca Nacional como uma música do gênero. Trata-se de "Pelo telefone", composta em 1916 pelo famoso sambista Donga, como era chamado Ernesto dos Santos, em parceria com Mauro de Almeida.

Além de abre-alas do Carnaval, a Penha foi tema de músicas de uma infinidade de importantes compositores, como Ary Barroso, Cartola e Noel Rosa.

famosa escadaria, cujos 382 degraus são escalados de joelhos por devotos no pagamento de suas promessas.

O santuário carioca nasceu de uma capelinha erguida sobre um rochedo por volta de 1635 pelo então proprietário das terras do entorno, o capitão Baltazar de Abreu Cardoso, um devoto de Nossa Senhora. Conta-se que ele subia o morro para ver suas plantações quando foi atacado por uma serpente. Desesperado, o homem gritou: "Minha Nossa Senhora, valei-me!". Nesse momento, um predador à altura da víbora, um lagartão, surgiu e os dois répteis travaram uma luta mortal, salvando a pele de Baltazar, que saiu em disparada. Em agradecimento ao que considerou obra da proteção divina de Nossa Senhora, o capitão ergueu no alto da montanha uma ermida e com uma imagem da santa no interior. A história da serpente se espalhou, e as pessoas subiam o penhasco, cada vez em maior número, para fazer pedidos à santa ou agradecê-la por graças recebidas. Assim, dizem que o chamamento entre os fiéis: "Vamos à Penha visitar Nossa Senhora" naturalmente virou: "Vamos visitar Nossa Senhora da Penha".

Já a soberba escadaria foi resultado da promessa de uma devota que não conseguia engravidar. No ano de 1817, quando encarava a pirambeira rumo à igreja, Maria Barbosa disse ao marido sua intenção de pedir à Nossa Senhora da Penha que intercedesse junto a Deus para conseguir realizar o desejo de ser mãe. Em troca, providenciaria um acesso menos penoso para os fiéis. No ano seguinte, o bebê veio; mais um ano e a escadaria que leva o visitante às alturas, 111 metros, foi construída – toda talhada em pedra, à mão, por escravos.

Entre os milhares de peregrinos vindos de todo o país para escalar os degraus da Penha, passou o ilustre Embaixador Sonoro do Sertão ou Rei do Baião, Luiz Gonzaga. O sanfoneiro foi pagar uma promessa por ter sobrevivido a um grave acidente de carro em 1951. Em texto do jornalista e compositor David Nasser na extinta revista *O Cruzeiro* e reproduzido no livro *O fole roncou, uma história do forró*, de Carlos Marcelo e Rosualdo Rodrigues, Gonzagão descreve como recorreu, na hora H, à Nossa Senhora da Penha:

> “Espaço de silêncio, quietude, tranquilidade, relacionado à permanência, à estabilidade. Símbolo universal da transcendência, a montanha é propícia à experiência espiritual. Nossa Senhora da Penha conduz os devotos até lá. Seja no Rio de Janeiro ou na Espanha...”

“Neste momento horrível da minha vida, fiz quase em pensamento uma oração. Todos vão dizer que uma prece leva tempo. Conversa. A gente reza muito em frações de segundo. Eu já havia encerrado a minha oração, e o carro ainda estava balançando, nos dois minutos que lá ficou, cai não cai. Foi quando lembrei e voltei à presença de Nossa Senhora.”

O músico conta, no mesmo livro, que pensou em se socorrer com Nossa Senhora de Nazaré, mas achou que arriscava morrer antes da chegada da santa, que fica tão longe do Rio de Janeiro, em Belém do Pará. Então decidiu: “Vou rezar mesmo pra Virgem da Penha, que fica aqui perto e pode nos acudir num instante. Em questão de fé, meu padre, não importa os nomes dos santos”.

Para Nossa Senhora da Penha, ele ofertou uma oração em forma de um delicioso baião:

Demonstrando a minha fé
Vou subir a Penha a pé
Pra fazer minha oração
Vou pedir à padroeira
Numa prece verdadeira
Que proteja o meu baião

Os festejos em homenagem a Penha no Rio de Janeiro acontecem todos os domingos de outubro e são abertos no primeiro sábado com a tradicional lavagem da escadaria, empreendida por estudantes, penhenses e fiéis em geral. Para os devotos fora de forma, existe a alternativa bondinho, que chega até à igreja.

Penha capixaba

Cerca de meio século antes da construção da capelinha do capitão Baltazar no Rio de Janeiro, a devoção à Penha já existia no Espírito Santo. A primeira imagem da santa no Brasil chegou em Vila Velha, município de Vitória, em 1569. Veio de Lisboa, encomendada pelo frei espanhol Pedro Palácios, fundador do Santuário de Nossa Senhora da Penha, em Vila Velha. O conjunto arquitetônico colonial, tombado como patrimônio histórico cultural, é composto pela igreja, o museu, a sala de milagres e o convento de religiosos franciscanos. Está fincado no alto de um penhasco de 154 metros de altitude, a quinhentos metros do mar e rodeado por Mata Atlântica, de onde se tem uma belíssima vista da Baía de Vitória e da cidade de Vila Velha.

Penha é a padroeira do Espírito Santo. Mais de 1 milhão de capixabas e turistas de todo o Brasil são esperados anualmente para homenageá-la com a devoção franciscana chamada Oitavário da Penha, que se inicia sempre no domingo de Páscoa e termina oito dias depois, celebrando a alegria de Maria pela ressurreição do filho, Jesus Cristo. O último dia, uma segunda-feira, é o dia da padroeira, feriado estadual. Os festejos são marcados por grandes peregrinações, como a tradicional romaria dos homens (que existe há mais de cinquenta anos), a dos ciclistas, dos cavaleiros, motociclistas, militares e das mulheres. Os fiéis protagonizam a terceira maior festa religiosa do Brasil, depois do Círio de Nazaré, em Belém, no Pará, e da comemoração que homenageia a padroeira do Brasil, Aparecida, em São Paulo.

Mas toda essa magnificência começou muito modestamente, a partir de uma gruta junto à praia, na base do morro em Vila Velha. Ali, frei

Pedro Palácios, irmão leigo da Ordem dos Franciscanos e grande devoto de Nossa Senhora, se instalou em 1558.

Ele chegou com os portugueses, trazendo na bagagem um painel de Nossa Senhora das Alegrias, outro título dado a Maria. Quatro anos depois, com a ajuda de escravos, construiu numa parte mais alta do morro, já aos pés da grande rocha, uma capelinha dedicada a São Francisco de Assis, onde colocou o quadro de Nossa Senhora das Alegrias. Seis anos depois, no cume da majestosa rocha, começou a levantar a capelinha que recebeu uma imagem de Nossa Senhora da Penha vinda de Portugal. Em 1570, a ermida estava pronta e pela primeira vez foi celebrada a Festa de Nossa Senhora da Penha. No dia seguinte, frei Palácios morreu.

> “Enquanto a ‘Penha dos brancos’ foi erguida voltada para a Catedral da Sé, a capela pobre dos escravos ficava nos fundos do templo da Penha e de frente para a periferia. Conta-se que, para bancar a construção de um espaço dedicado ao sagrado, os membros da Irmandade passaram cinco anos pedindo esmola nas ruas.”

Os sumiços do além

São muitas as lendas em torno da história do frei e do lugar. Curiosamente, uma delas coincide com a história da Penha em São Paulo, onde também existe uma forte devoção.

Em Vitória: conta-se que, certa vez, o painel de Nossa Senhora das Alegrias desapareceu da capela de São Francisco. Depois de longas buscas na mata, a imagem foi encontrada no alto da rocha, entre duas palmeiras. O sumiço se deu em outros dois momentos e, em ambos, o painel foi achado no mesmo local. Assim, frei Palácios entendeu que aquele era o lugar desejado pela santa para a construção da igreja, e assim foi feito.

Penha paulistana

Em São Paulo: conta-se que nos anos 1600 um viajante francês em passagem pela cidade pernoitou onde hoje é o fa-

ORIGENS DA DEVOÇÃO

O FREI ESPANHOL EM QUADROS DE BENEDITO CALIXTO

Convento N. S. da Penha, Espírito Santo.

A chegada em Vila Velha (ES), em 1558, do fundador do belíssimo Santuário da Penha, o frei espanhol Pedro Palácios, foi retratada por Benedito Calixto, um dos mais importantes pintores brasileiros do início do século XX e que dá nome à praça em São Paulo onde acontece uma famosa feira de antiguidades.

A tela acima, intitulada *Gruta de Frei Pedro Palácios*, de 1927, mostra o missionário franciscano no local onde viveu ao desembarcar, trazendo um painel de Nossa Senhora das Alegrias, a qual aparece dentro de um oratório na pintura de Calixto.

Hoje, a gruta de pedra, no sopé da montanha, junto à praia, é sinalizada por uma lápide. E por que Nossa Senhora das Alegrias foi trazida pelo frei? Tal devoção foi desenvolvida pela Ordem dos Franciscanos e trata das sete alegrias de Maria – o anúncio do anjo Gabriel de que ela daria à luz Jesus e a sua própria assunção são algumas delas.

moso bairro da Penha – parada obrigatória de quem se deslocava entre São Paulo, Rio de Janeiro e o Vale do Paraíba. Entre os mais ilustres viajantes que passaram a noite no bairro, está o príncipe regente dom Pedro I, dias antes de proclamar a Independência, vindo do Rio de Janeiro em direção a São Paulo, onde, aliás, depois da histórica parada às margens do Ipiranga, seria saudado pelo badalar dos sinos da Igreja Nossa Senhora da Boa Morte, no centro da capital (ver capítulo 1).

Voltando ao viajante francês – e parece sempre ter um francês envolvido com as histórias da Penha de França –, na sua bagagem havia uma imagem de Nossa Senhora. Ele dormiu na região e pegou a estrada no dia seguinte. Durante o trajeto, deu pela falta da imagem. Voltou para procurar e a encontrou na colina onde havia passado a noite. Retomou a viagem e novamente percebeu a ausência da santa, a qual foi encontrada mais uma vez no mesmo local. O francês tentou seguir caminho com a imagem outras vezes, mas a cena do desaparecimento e conseguinte surgimento se repetiu. O devoto então entendeu o que lhe pareceu um tremendo pedido de Nossa Senhora: construir uma capela naquela colina. Dito e feito. Em torno da igreja, desenvolveu-se um dos bairros mais antigos e tradicionais de São Paulo, batizado com o nome da santa, a Penha, na zona leste da capital.

A Penha dos pretos

Hoje existem, no bairro de São Paulo, além da igreja matriz, conhecida por igreja velha, a Basílica Santuário de Nossa Senhora da Penha de França e a Igreja de Nossa Senhora do Rosário dos Homens Pretos da Penha de França. A construção simples em taipa de pilão e patrimônio histórico da cidade, tombada pelo Condephaat, foi erguida no início do século XIX pelos negros da Irmandade do Rosário dos Homens Pretos. Na época, os negros eram proibidos de frequentar o templo dos brancos. Enquanto a "Penha dos brancos" foi erguida voltada para a Catedral da Sé, a capela pobre dos escravos ficava nos fundos do templo da Penha e de frente para a periferia. Conta-se que, para bancar a construção de um espaço dedicado ao sagrado, os membros da Irmandade passaram cinco anos pedindo esmola nas ruas.

Crato (no Ceará), Corumbá de Goiás (em Goiás), Salvador (na Bahia), Barbacena (em Minas)... São inúmeras as cidades no Brasil com igrejas dedicadas à Penha. Mas tudo começou na Espanha, em uma montanha que leva o nome França e por obra de um francês. Seu nome: Simão Vela. Era um peregrino ou um jovem estudante ou um monge (as descrições são diferentes conforme o autor consultado) – e o rapaz pode ter sido isso tudo ao mesmo tempo. Já a referida montanha – denominada Penha de França – fica na Serra de França, ao sul de Salamanca, na Espanha. A razão do nome não se sabe com certeza, mas acredita-se que, em épocas remotas e de perseguições, franceses refugiaram-se ali, dando nome ao local.

Segundo Edesia Aducci, em *Maria e seus títulos gloriosos*, os católicos, sempre que podiam, escondiam as imagens sagradas para protegê-las durante a invasão dos mouros ou outros povos bárbaros na Península Ibérica. E isso pode também explicar a história da imagem descoberta naquelas terras pelo francês Simão.

No cume da majestosa montanha Penha de França, por volta de 1434, o peregrino Simão encontrou a imagem da santa que havia anos ele procurava. No local, construiu uma capelinha, a qual foi posteriormente transformada num belíssimo templo de devoção à Maria da Penha, além de consistir no santuário mariano considerado o mais alto do mundo, com 1.783 metros de altitude. O conjunto monástico dá vista para uma paisagem impressionante, que engloba as planícies de Castela e as magníficas montanhas do parque

SABIA DESSA?

Arquivo O Cruzeiro/Estado de Minas/DA Press

LUIZ GONZAGA PAGOU PROMESSA EM FORMA DE BAIÃO

O Embaixador Sonoro do Sertão ou Rei do Baião, Luiz Gonzaga, foi um dos célebres peregrinos a pagar promessa na Penha do Rio de Janeiro. Acompanhado de seus músicos, subiu os 382 degraus da famosa escadaria que leva à Igreja Nossa Senhora da Penha, na zona norte da cidade, para agradecer por ter sobrevivido a um grave acidente de carro ocorrido em 1952, na rodovia Presidente Dutra.

Era um dia de muita neblina. O próprio Luiz Gonzaga dirigia o veículo, uma caminhonete Dodge. Numa ponte interditada, o músico perdeu o controle da direção e desabou quinze metros abaixo. Antes, porém, por alguns segundos, o carro ficou dependurado, preso ao concreto da ponte. Nesse brevíssimo espaço de tempo, o sanfoneiro apelou para Nossa Senhora da Penha.

Em texto da extinta revista *O Cruzeiro*, reproduzido no livro *O fole roncou, uma história do forró*, ele conta: "Foram os segundos mais horríveis da minha vida". E naquele momento suplicou: "Virgem da Penha, arranje uma forma de eu cair o melhor possível e quebrar menos pernas que puder e peço o mesmo para Catamilho e Zequinha (os músicos que ocupavam o carro)". Gonzaga teve cinco costelas fraturadas. "Salvou-se por milagre", ouviu do médico que os atendeu no hospital. Em agradecimento à santa, ele compôs, junto com David Nasser e Guio de Morais, o delicioso "Baião da Penha".

natural do Vale de Las Batuecas. Um lugar de encontro, oração e contemplação da natureza.

Foi impulsionado por um sonho, ou revelação, que Simão saiu em peregrinação na busca da imagem, que aparecia cercada de luz, no topo de um morro e indicando a ele que deveria ser encontrada. Diz a tradição que Simão passou cinco anos à sua procura. Ao chegar na serra, caminhou pelas íngremes montanhas por três dias e três noites ininterruptamente. Ele dizia, segundo contam, ouvir uma voz nos momentos de êxtase, comunicando: "Simão, vela e não dorme!". Por isso passou a ser conhecido por Simão Vela.

Numa parada para descanso, o peregrino percebeu uma senhora bonita com o filho no colo sentada próxima a ele. Ela indicou o lugar onde estava o que ele tanto procurava. Com a ajuda de pastores da região, Simão conseguiu encontrar a imagem do sonho enterrada no alto da montanha Penha de França. Para Simão, aquela senhora que lhe apontara o caminho era Maria segurando o menino Jesus.

A capela começou a ficar famosa pelas graças alcançadas por fiéis de Nossa Senhora, e a santa ficou conhecida com o nome do lugar. Um dos seus milagres mais célebres foi acabar com uma peste que assolava a Espanha.

A Penha dos portugueses

Em Portugal, a história da Penha começa logo depois da famosa Batalha de Alcácer-Quibir (04/08/1578), travada no Marrocos, na qual o exército português sofreu uma derrota fenomenal: o rei, dom Sebastião, foi morto e muitos nobres perderam a vida ou viraram prisioneiros dos mouros. Entre os portugueses sobreviventes no campo de guerra do inimigo, estava um imaginário – neste caso não se trata de lenda, o imaginário em questão é um fazedor de imagens de santos – chamado Antônio Simões, que prometeu a Nossa Senhora esculpir sete imagens da santa se conseguisse voltar para Portugal.

Já em casa e vivinho da silva, ele terminava de cumprir a promessa quando ficou em dúvida sobre que título dar à sétima e última imagem. Um padre jesuíta o aconselhou a esculpir a figura de Nossa Senhora de Penha de França, célebre pelos milagres na região de Salamanca. Simões seguiu a recomendação e a imagem foi colocada na Igreja de Nossa Senhora da Vitória, em Lisboa.

Conforme consta do Sistema de Informação para o Patrimônio Arquitetônico de Portugal, Antônio Simões e sua mulher conseguiram a doação de um terreno para construir uma capela própria para a imagem e, em 1598, ela foi conduzida ao novo templo. Um ano depois, diante de uma epidemia que se propagava na cidade, a Câmara de Lisboa, inspirada no milagre em Salamanca, pediu a intercessão da santa da Penha em troca de organizar procissões anuais e fazer dádivas de ordem pecuniária. A peste se extinguiu e, nos anos seguintes, nova igreja e um convento foram construídos.

Um outro milagre em Portugal também ficou célebre e lembra o episódio do capitão Baltazar na Penha do Rio. Diz a tradição que um devoto subiu no alto da montanha e, cansado, acabou adormecendo. Uma grande cobra se aproximou para dar o bote e um lagarto apareceu, saltando sobre o homem, que despertou e destruiu a serpente com seu bastão. Isso explica a representação da santa com um peregrino aos seus pés, uma cobra e um lagarto.

Segredos da montanha

Espaço de silêncio, quietude, tranquilidade, relacionado à permanência, à estabilidade. Símbolo universal da transcendência, a montanha é propícia à experiência espiritual. Nossa Senhora da Penha conduz os devotos até lá. Seja no Rio de Janeiro ou na Espanha, seus belos templos nas alturas nos inspiram a contemplar a paisagem da natureza externa e a interna de cada um.

"ORAÇÃO A NOSSA SENHORA DA PENHA"

Virgem da Penha de França, que desde tão elevado trono manifesta sua misericórdia a todos que pedem sua proteção: dedicamos-lhe nosso ser e nossa vida, nossos trabalhos, alegrias e enfermidades.
Ouça a oração que com filial confiança lhe dirigimos e apresente-a ao seu filho Jesus, nosso único redentor. Dê paz, justiça e prosperidade a nosso povo. Proteja nossas famílias para que fiquem sempre unidas. Abençoe a educação de nossos jovens. Socorra aqueles que padecem de desgraças, os que sofrem de solidão, ignorância, fome ou desemprego. Olhe para nós com compaixão e nos ajude a caminhar sempre seguindo o seu divino filho, que vive e reina pelos séculos e séculos.
Amém

Fonte: Santuário de Nuostra Señora de la Peña de Francia, Espanha
http://www2.dominicos.org/pdefrancia/pagines/Plegarias.htm

3

NOSSA SENHORA DA MEDALHA MILAGROSA

(OU NOSSA SENHORA DAS GRAÇAS)

3

NOSSA SENHORA DA MEDALHA MILAGROSA

MEDALHA FAMOSA NÃO É TALISMÃ NEM AMULETO

Objeto surgido da aparição de Maria faz sucesso no mundo todo; a experiência foi vivida por uma noviça, para quem a santa mandou cunhar a Medalha Milagrosa.

No quesito medalha milagrosa, não há nada mais fantástico do que a nascida da aparição de Nossa Senhora numa capela em Paris para a então noviça Catarina Labouré. Em segundo lugar, vem a descoberta de que a primeira igreja do mundo dedicada a ela, depois da francesa, fica em Monte Sião. Não a montanha de Jerusalém, Terra Prometida, área sagrada, cenário de importantes eventos judaicos e cristãos. Mas uma cidadezinha no sul de Minas Gerais, com pouco mais de 20 mil habitantes, conhecida pela famosa porcelana artesanal branca e azul-cobalto e, grande charme, capital nacional do tricô – negócio de sucesso atribuído à proteção da santa.

A história da Monte Sião mineira e o grande fluxo de peregrinos deram a sua igreja o título de Santuário de Nossa Senhora da Medalha Milagrosa, em 1999. O lugar foi palco de duas passagens extraordinárias ou, no mínimo, peculiares: o incômodo de um bispo com o visual da santa no altar-mor e o chamado Dia do Milagre da Chuva, a primeira de muitas graças atribuídas à santa da Medalha Milagrosa, também muito conhecida por Nossa Senhora das Graças.

Os eventos são citados, ainda que não detalhadamente, no *Livro do Tombo*

ORIGENS DA DEVOÇÃO

Arquivo pessoal do autor

Frente e verso da famosa Medalha Milagrosa cunhada em 1830 segundo modelo transmitido por Nossa Senhora em aparição à jovem noviça e hoje Santa Catarina Labouré

OS SÍMBOLOS DESENHADOS NA MEDALHA

A interpretação das figuras gravadas na medalha possui variações. Esta é a oficial da capela parisiense onde se deu a aparição: Nossa Senhora de pé sobre a metade de uma esfera (o mundo), esmagando uma serpente, símbolo do mal entre judeus e cristãos. As mãos estão abertas, e os dedos adornados com anéis de pedras preciosas, que se relacionam à fidelidade de Maria a Deus e aos fiéis. Dos dedos saem raios que representam as graças.

A inscrição "Ó Maria concebida sem pecado, rogai por nós que recorremos a vós" é sinal de que Maria é imaculada desde a concepção (ver capítulo 10, sobre a Imaculada Conceição). No verso, a cruz e a letra M entrelaçadas representam a união indissolúvel entre Cristo e sua mãe. Embaixo, dois corações. Cercado de espinhos é o coração de Jesus, e o transpassado por uma lança, o de Maria. As doze estrelas correspondem aos doze apóstolos e representam a Igreja.

(documento onde o vigário registra os acontecimentos relevantes ocorridos na igreja), como informa o pároco do santuário mineiro, padre Rodrigo Carneiro Paiva Mendes. Eles também constam nos testemunhos de moradores presentes no dia do milagre, publicados no livro *Santuário Nossa Senhora Milagrosa*, do padre Benedito Ramon Pinto Ferreira e de Lourenço Guireli Júnior.

A devoção chegou cedo em Monte Sião, em 1849, apenas dezenove anos depois da aparição de Nossa Senhora em Paris. Naquele ano, o major Antônio Bernardes de Souza, um dos fundadores do então arraial, construiu a capela dedicada à santa. Em 1860, chegou a imagem do altar, trazida de Portugal pelo fazendeiro português João Pereira Batista Machado. A peça aportou no Rio de Janeiro e foi transportada até Monte Sião sobre o lombo de um animal, acondicionada em um cesto de carga e envolta em palha seca de milho.

Mais de cinquenta anos depois, em 1937, um bispo cismou com o visual da formosa imagem. Era dotada de traços femininos, mais sensual do que as estátuas tradicionais, com seios e cintura marcados. Por causa disso, foi mandada para o exílio, deportada para uma capela na zona rural. No mesmo ano, teve início uma seca dos diabos, que durou dois anos e devastou Monte Sião, mas não atingiu nenhuma área vizinha. O povo, que já sentia falta da imagem, atribuiu o infortúnio à expulsão da padroeira.

Em 1939, um grupo de moradores apelou ao padre para o retorno da imagem ao seu nobre altar na igreja matriz. Depois de muito questionamento, a transferência foi autorizada. E o grande Dia do Milagre da Chuva, 5 de novembro de 1939, é relatado assim no livro do padre Ramon e de Lourenço Guireli Júnior:

"A procissão andava lentamente, todos querendo conduzir o andor, que vinha logo atrás. Quando tudo era contentamento, demonstrado por cânticos, orações, lágrimas emocionadas, sons de fortes 'dobrados', bem na entrada da cidade, na Ponta do Lé, ocorria o fato histórico e tido como mais um milagre da Santa Padroeira: começavam os primeiros pingos de chuva e quando o andar ganhava a Praça da Matriz a graça de Deus chegava forte, querida e em abundância, exigindo que os passos fossem mais ligeiros e os instrumentos da banda colocados de boca para baixo. A imagem venerável, com seu povo, entrava molhada na igreja matriz, enquanto lá fora a chuva caía generosa e torrencialmente."

> "O entendimento do fenômeno das aparições exige ainda a ponderação de vários fatores, entre eles o fato de uma experiência mística ser uma experiência subjetiva do devoto, vivida pelas pessoas dentro do seu contexto social, econômico..."

A imagem permanece graciosa sendo venerada na igreja. Uma restauração em 2015 deixou-a como era há 157 anos, quando chegou ao Brasil, trazendo à tona uma história até então escondida. Sete camadas de tinta e massa que cobriam a peça foram removidas, e a sua coloração original foi revelada. Diferentemente dos cândidos azul e branco do modelo francês, a portuguesa faceira exibe as cores vermelha, azul-escuro e verde-azulado – o que na época também pode ter deixado o bispo de cabelo em pé, causando o seu arroubo de banir a figura da cidade.

A explicação, segundo o padre Rodrigo, é que originalmente a imagem retrata duas invocações marianas: da Meda-

Santuário De Nossa Senhora Da Medalha Milagrosa, Monte Sião, MG.

Com cintura e seios marcados, imagem foi para o exílio; hoje reina no Santuário

lha Milagrosa e da Imaculada Conceição, padroeira do Reino de Portugal. O documento mais antigo sobre a construção de uma capela em Monte Sião refere-se a ela como templo dedicado à Nossa Senhora da Conceição da Medalha Milagrosa, conforme registra a *Enciclopédia dos Municípios Brasileiros*, do IBGE (Instituto Brasileiro de Geografia e Estatística). Além disso, o nome está gravado no bronze de um sino centenário instalado na torre do Santuário, conta o padre. Quanto às cores surgidas após o restauro da imagem, elas seguem lei de Portugal, obrigando todas as imagens da Imaculada talhadas no país a receberem as cores que pudessem expandir o Império.

Outra cena histórica e bem mais recente ocorreu no Mirante da Santa, inaugurado em 2011, a dois quilômetros da cidade de Monte Sião. No momento em que a estátua de Nossa Senhora, com cerca de cinco metros de altura, foi erguida, o céu deu um show: um halo solar despontou, desenhando uma auréola ao redor da imagem.

No dia da festa da padroeira, 27 de novembro, cinco missas são celebradas e, à noite, acontece a tradicional Procissão Luminosa, que reúne cerca de 8 mil devotos, com vários grupos de romeiros. Uma das mais antigas é composta unicamente por homens e leva o curioso nome de Romaria da Volta – os devotos vão de ônibus até Aparecida e voltam a pé, numa caminhada de seis dias que culmina em Monte Sião na data da festa.

Já o nome bíblico do município, segundo uma das versões publicada na *Enciclopédia dos Municípios Brasileiros*, foi criação dos franciscanos, lançado nas primeiras missas celebradas no sul de Minas.

O berço parisiense da Medalha

O santuário da Medalha Milagrosa, na famosa capela da Rue du Bac, fica no coração de Paris – no bairro Saint-Germain-des-Prés, a quinze minutos a pé dos museus Rodin e d'Orsay e de cara para o Bon Marché (mais antiga loja de departamentos da cidade, que concentra sofisticadas marcas internacionais). Um passeio, como diriam os franceses, *pas mal* para os devotos e seus acompanhantes.

Essa elegante área da cidade, porém, era um pandemônio em 1830, ano da aparição de Nossa Senhora à jovem Catarina Labouré, com casas amontoadas e esgotos a céu aberto. Um pouco antes, no ano da Revolução Francesa, 1789, explodiram revoltas populares e barricadas se espalharam pela capital. O movimento, de caráter liberal e burguês, era uma reação ao absolutismo do rei Carlos X, que ia completamente contra os ideais revolucionários. Havia forte crise econômica. Desemprego e custo de vida altos, levando os trabalhadores às ruas.

Como atestam os estudos de Mariologia (disciplina dedicada ao estudo da figura de Maria, mãe de Jesus, sob os mais variados aspectos), as aparições se dão muitas vezes num momento de urgência, num contexto político, social, econômico e/ou religioso de crise, em que a sociedade passa por sérias necessidades e a imagem da santa surge para prestar auxílio.

O entendimento do fenômeno das aparições exige ainda a ponderação de vários fatores, entre eles o fato de uma experiência mística ser uma experiência subjetiva do devoto, vivida pelas pessoas dentro do seu contexto social, econômico... É imprescindível que sejam interpretadas. "A Igreja mesmo não garante a verdade factual das aparições e de outras piedosas tradições (relíquias, imagens, lugares sagrados etc.), mas apenas seu sentido religioso e seus frutos espirituais", escreve frei Clodovis Boff em *Mariologia social*.

Rendez-vous com Nossa Senhora

A noviça francesa Catarina Labouré teve três encontros entre julho e dezembro de 1830 com Nossa Senhora na capela parisiense da Rue du Bac. Esses eventos aconteceram logo nos primeiros meses da chegada da noviça à casa, sede da Congregação das Filhas de Caridade.

Sua vocação religiosa surgiu cedo, assim como a forte ligação com Nossa Senhora, que se expressou quando ela tinha apenas nove anos.

Catarina era a oitava de dez filhos do casal Pierre e Madeleine, donos de uma fazenda num vilarejo na Borgonha, Fain-lès-Moutiers. Aos nove, ficou órfã de mãe e, segundo sua biografia, no momento de intensa tristeza pela perda, a garotinha em lágrimas abraçou a imagem de Nossa Senhora e disse: "Agora, você será minha mãe". Naquele mesmo ano, ela é enviada junto com a irmã mais jovem para morar na casa de uma tia em uma cidade vizinha. Passados dois anos, a irmã mais velha sai da casa do pai, e ele então traz as duas menores de volta para a fazenda, onde Catarina, então com doze anos, assume todo o trabalho doméstico e outras tarefas mais pesadas, como manutenção do pomar, do galinheiro, do pombal... A adolescente reza todos os dias e também passa a visitar doentes e prestar socorro aos pobres.

André Leroux

Autor desconhecido

O corpo da Santa Catarina Labouré foi encontrado intacto 57 anos após a sua morte e está exposto na capela da Rue du Bac, em Paris, onde ocorreram as aparições; à dir., foto da religiosa, que escolheu permanecer no anonimato e assim viveu, trabalhando até morrer, aos setenta anos, quando os milagres e as conversões se multiplicavam e mais de 1 bilhão de medalhas haviam sido cunhadas.

Antes de completar dezoito anos, Catarina teve um sonho marcante com um velho padre numa igreja onde ele iria celebrar a missa. O sacerdote fixa o olhar sobre ela várias vezes, que logo sai para visitar um doente. Na porta da igreja, ela o encontra e ouve dele: "Minha filha, é bom que cuide dos doentes. Um dia, você virá a mim. Deus tem desígnios para você. Não esqueça!". À época, a jovem ainda não sabia ler nem escrever, já que passara a adolescência dedicada aos serviços da casa. Partiu então para uma temporada num internato dirigido por uma prima no vilarejo de Châtillon-sur-Seine. Lá, Catarina descobriu o mistério por trás daquele sonho.

Passando na casa da congregação das Filhas da Caridade, próxima ao pensionato, viu na parede da sala de estar o retrato do personagem que lhe apareceu no sonho! "Este é o nosso santo padre Vicente de Paulo", explicou uma irmã. Catarina então concluiu: seria uma Filha da Caridade.

Contou ao pai sobre sua vocação religiosa, mas ele foi veementemente contra a ideia; seu plano era casá-la. A filha, porém, rejeitava todos os bons partidos, o que levou o pai, depois de muito custo, a acabar se rendendo aos desejos da jovem. Assim, aos 24 anos, em abril de 1830, Catarina entrou como noviça na Casa Mãe das Filhas da Caridade, congregação dedicada à caridade e fundada em 1633 por São Vicente de Paulo e Santa Luísa de Marillac, em Paris.

As experiências místicas da jovem noviça continuam logo na primeira semana de seminário. Ela vai com frequência rezar na Capela Saint-Vincent e, na saída, para um instante em meditação diante do relicário, onde é guardado o coração do santo. Em três dias seguidos, o coração lhe aparece como uma imagem em diferentes cores. Primeiro, na cor branca, sinal de paz e de união;

depois, vermelho, representando o fogo da caridade que deve animar os corações das duas congregações; e por fim o negro, presságio de calamidades que vão se abater sobre a França, segundo informa o site da Capela Nossa Senhora da Medalha Milagrosa em Paris.

Catarina conta suas visões ao seu confessor, padre Aladel, que se mostra totalmente cético. Mas quando os movimentos revolucionários irrompem nas ruas no mês de julho daquele ano, o religioso se abala.

Durante todo o tempo no seminário, Catarina vê Cristo na eucaristia. Mas o seu desejo era encontrar a Virgem Maria, o que logo se concretizou.

Primeira aparição

18 de julho de 1830 – véspera da festa de São Vicente de Paulo e a noviça recorre ao próprio, que ela tanto ama, para conseguir realizar sua grande aspiração de ver Nossa Senhora. Às onze e meia da noite, uma criança surge ao pé da cama da noviça e diz: "A Santíssima Virgem a espera". Catarina acompanha o pequeno, que, conforme seu relato, "deixa raios de luz por todos os lugares por onde passa". Chegando à capela, ela para próximo da cadeira do padre, colocada no presbitério, e ouve um som "como o fru-fru de um vestido de seda". E a criança diz: "Eis a Santíssima Virgem". Catarina se lança aos pés da Nossa Senhora sentada na cadeira e apoia as mãos sobre os joelhos da santa. "Ali, se passou um momento, o mais suave da minha vida. Seria impossível dizer o que eu senti. A Santa Virgem me disse como eu deveria me conduzir com meu confessor e várias outras coisas", narrou a noviça.

Uma missão difícil foi anunciada a ela e também o pedido de fundação de uma Confraria dos Filhos de Maria, o que foi posteriormente, em 1840, realizado pelo padre Aladel.

Segunda aparição

27 de novembro de 1830 – às cinco e meia da tarde, Nossa Senhora aparece novamente à noviça dentro da capela. Primeiro, Catarina tem a visão de dois quadros vivos que passam, de forma encantada, um após o outro diante dos seus olhos. Neles, a Virgem Maria está sobre a metade do globo e seus pés esmagam uma serpente. No primeiro quadro, a santa segura um pequeno globo dourado com uma cruz que ela levanta em direção ao céu. Catarina ouve: "Essa bola representa o mundo inteiro, a França e cada pessoa em particular". No segundo quadro, suas mãos estão abertas com anéis de pedras nos dedos, emitindo raios de luz resplandecentes. A noviça ouve uma voz que diz: "Esses raios são o símbolo das graças que eu derramo sobre as

pessoas que me procuram". Depois, uma forma oval se delineia em torno da aparição e Catarina vê a seguinte inscrição em letras de ouro: *Ó Maria concebida sem pecado, rogai por nós, que recorremos a vós.* E uma voz diz: "Faça cunhar uma medalha nesse modelo. As pessoas que a usarem com fé receberão grandes graças". O quadro então vira e a freira vê o reverso da medalha: no alto, uma cruz com a inicial de Maria sobreposta; embaixo, dois corações, um deles tem uma coroa de espinhos, o outro é transpassado por uma lança. Neste dia, 27 de novembro, é quando se comemora a santa.

Terceira aparição

Dezembro de 1830 – durante a oração, Catarina ouve de novo um fru-fru, dessa vez atrás do altar. Nossa Senhora confirma a missão da noviça e finaliza: "Você não me verá mais, Catarina". A jovem comunica o pedido de Nossa Senhora ao padre Aladel, que desconversa, dizendo para ela não pensar mais em todas aquelas "imaginações".

Passados alguns meses, já concluído o seminário, Catarina é nomeada para cuidar dos idosos em um asilo num bairro miserável de Paris. E a voz interior insiste, lembrando que a medalha devia ser confeccionada. A freira volta então a procurar o padre.

Em fevereiro de 1832, uma gravíssima epidemia de cólera explodiu em Paris. Mais de 20 mil pessoas morreram da doença. Quatro meses depois, as Filhas da Caridade começam a distribuir as primeiras 2 mil medalhas feitas a pedido do padre Aladel. As curas e os milagres se multiplicam, assim como as proteções e conversões. A medalha passa a ser chamada de milagrosa, e as pessoas começam a se questionar sobre a sua origem. Em 1834, padre Aladel escreve sobre o assunto. Em 1835, havia mais de 1 milhão de medalhas no mundo inteiro, segundo o site da capela da Rue du Bac.

Durante todo esse tempo, Catarina permaneceu na sombra, trabalhando absolutamente incógnita até morrer, aos setenta anos, em 31 de dezembro de 1876, quando mais de 1 bilhão de medalhas já haviam sido cunhadas!

Nos dias seguintes à sua morte, uma multidão se aglomerou diante do caixão da freira. Uma mulher pobre apareceu com o filho de doze anos com deficiência física dentro de um caixote sobre rodinhas. Ele nunca havia andado. Ali, aconteceu o primeiro milagre da Santa Catarina Labouré: o garoto levantou apoiado nas próprias pernas.

De novo, Sião

O nome Sião aparece mais uma vez envolvido na história da Medalha Milagrosa. Dessa vez, sem ligação com a cidade mineira. A referência é Israel e um judeu ateu, muito rico e *bon vivant* que subitamente se converte ao catolicismo por causa da Medalha, fato que exerceu papel fundamental para o processo de canonização de Catarina Labouré.

O então arcebispo de Paris, monsenhor Quélen, tentou, em 1835, iniciar o processo canônico, no caso para o reconhecimento oficial das aparições, diante do sucesso da medalha (ele próprio foi beneficiado por curas inesperadas e se tornou seu grande propagador). Mas não foi possível porque esse processo exige que o bispo local se encontre com a(o) vidente, o que era inviável, pois o arcebispo havia se comprometido com o desejo de Catarina de deixá-la longe dos holofotes, mantendo-a no anonimato e no silêncio. Daí entra a história surpreendente de Alphonse Ratisbonne, o judeu *bon vivant*.

Banqueiro, jovem senhor alsaciano, Alphonse era um ateu inveterado, que zombava da religião de modo geral. Detestava um dos irmãos, Theodoro, pelo fato de ele ter se batizado e virado sacerdote. Um dia, a caminho de uma viagem à Índia, parou em Roma contra sua vontade, por insistência de amigos. Na visita, percorria a cidade tecendo comentários jocosos à Igreja e aos papas. Inesperadamente, encontrou um amigo entusiasta da Medalha Milagrosa e se deixou convencer por ele a levar a Medalha no bolso. No dia seguinte, dentro da famosa Igreja de Sant'Andrea delle Fratte, Nossa Senhora da Medalha Milagrosa lhe apareceu. A narração do episódio feita por ele mesmo é descrita assim, segundo site da Congregação dos Religiosos de Sion:

> "... subitamente fui tomado por uma emoção inexprimível... levantei os olhos, e todo o edifício estava como que oculto aos meus olhares; só a capela do arcanjo São Miguel concentrava toda a luminosidade e, como centro da luz, apareceu sobre o altar grande, brilhante, cheia de majestade e de doçura, a Virgem Maria, tal qual está sobre a Medalha Milagrosa; uma força irresistível me arrastava para ela. A Virgem me fez sinal com a mão, para eu me ajoelhar. Ela me parecia dizer: 'Está tudo bem!'. Ela não me disse nada, mas eu compreendi tudo."

Alphonse e o irmão Theodoro fundaram a Congregação dos Religiosos de Sion. Sua inédita conversão teve uma grande repercussão e importância como o ato mais oficial no processo canônico de Catarina Labouré.

A sepultura da santa foi aberta na época da beatificação, em 1933, e o corpo estava intacto. Foi transferido para a capela da Rue du Bac e encontra-se até hoje exposto dentro de uma caixa de vidro sob um dos altares da capela. Apenas o rosto, a parte mais visível do corpo e que se encontrava igualmente preservado, recebeu uma camada de cera para dar um aspecto mais aprazível aos visitantes.

Uso da medalha

A Medalha Milagrosa faz um sucesso retumbante em todo o mundo. Uma mostra disso é exibida no pátio de entrada da capela da Rue du Bac. Difícil passar reto sem se deter diante do muro que exibe uma coleção de placas de agradecimentos aos milagres e graças recebidas por intercessão da santa. Lá também fica a lojinha das medalhas: douradas, prateadas, azuizinhas, minúsculas ou grandes, vendidas às pencas. O comércio de joias oferece também versões em ouro, cravejadas de brilhante, pérolas, safira e outras preciosidades. Parece um vasto *self-service* de amuletos. Mas somente um pobre de espírito carregaria no próprio peito um símbolo de proteção esvaziado de sentido, seja ele fabricado em ouro ou alumínio.

Na Medalha Milagrosa, ou qualquer outro objeto da esfera do sagrado, o homem materializa as suas crenças, preenche de sentido espiritual aquele apetrecho de existência concreta para ajudar a guiá-lo no seu cotidiano.

"ORAÇÃO A NOSSA SENHORA DAS GRAÇAS"

Lembrai-vos, ó puríssima Virgem Maria, do poder ilimitado que vos deu o vosso Divino Filho sobre o seu coração adorável. Cheio de confiança na vossa intercessão, venho implorar o vosso auxílio. Tendes, em vossas mãos, a fonte de todas as graças que brotam do coração amantíssimo de Jesus Cristo; abri-a em meu favor, concedendo-me a graça que ardentemente vos peço. Não quero ser o único por vós rejeitado, sois minha Mãe, sois a soberana do coração de vosso Divino Filho.
Sim, ó Virgem Santa, não esqueçais as tristezas dessa terra; lançai um olhar de vontade aos que estão no sofrimento, aos que não cessam de provar o cálice das amarguras da vida. Tende piedade dos que se amam e que estão separados pela discórdia, pela doença, pelo cárcere, exílio ou morte. Tende piedade dos que choram, dos que suplicam, e dai a todos o conforto, a esperança e a paz! Atendei, pois, à minha humilde súplica e alcançai-me as graças que agora fervorosamente vos peço por intermédio de vossa santa Medalha Milagrosa!
Amém

Fonte: Canção Nova, https://formacao.cancaonova.com/espiritualidade/oracao/oracao-nossa-senhora-das-gracas/

4

NOSSA SENHORA DO BOM PARTO

·4·

NOSSA SENHORA DO BOM PARTO

ACODE NA DOR DOS VÁRIOS PARTOS DA VIDA

Grávida, Maria é chamada de Nossa Senhora do Bom Parto, da Expectação e do Ó. No século XVIII, seu nome foi usado por instituição que cometia crueldades contra mulheres.

Nos tempos antigos, o risco de ir para a guerra ou de parir um filho era quase o mesmo. O trabalho de parto, além de sofrido, implicava altos índices de mortalidade tanto da mãe como da criança. Portanto, era recomendável apelar fortemente para a proteção divina. Para tais casos, súplicas fervorosas tinham como destino Nossa Senhora do Bom Parto, da Expectação do Parto ou ao seu título, digamos, mais afável, Nossa Senhora do Ó. Essa vogal esquisita, com acento, no final do nome, refere-se às sete antífonas (preces) que começam com o vocativo de exclamação Ó; eram realizadas nos dias da semana anterior ao Natal, representando a alegria e os anseios de Maria (e da Igreja) pelo nascimento do filho, Jesus.

Inspirador e profundo é o sentido do "Ó" dado pelo padre Antônio Vieira – além de religioso, um ilustre representante da literatura barroca. Vieira compara a figura geométrica do círculo à configuração do ventre virginal, a forma perfeita, a forma de Deus.

Um de seus mais famosos sermões, pregado em 1640 na Igreja Nossa Senhora da Ajuda, em Salvador, na Bahia, intitulado justamente "Sermão de Nossa Senhora do Ó", começa assim:

SABIA DESSA?

A SANTA DE CABRAL

O ilustre comandante Pedro Álvares Cabral partiu rumo à longa viagem para as Índias, a qual resultou no descobrimento do Brasil, em 1500, devidamente munido da proteção de Nossa Senhora. Ancorou com sua frota em Porto Seguro trazendo a imagem de Nossa Senhora da Esperança. Essa devoção é uma das invocações de Nossa Senhora do Ó, associada ao bom parto. Era comum em Portugal na época das grandes navegações, provavelmente porque devia ser um parto chegar com toda a frota íntegra ao destino, exigindo muita fé e esperança dos navegadores. A imagem foi colocada no altar nas duas missas do descobrimento, no sul da Bahia. No ano seguinte, voltou para Portugal, e encontra-se até hoje na Igreja de Sant'Iago, em Belmonte, cidade natal do comandante.

A relíquia consta do testamento de Cabral, como conta a pesquisadora Maria Regina da Cunha Rodrigues Simões de Paula, onde ele revela o desejo de manter um círio (vela) aceso para ter sempre a santa iluminada. Houve tentativa de trazer a imagem de volta por ocasião da inauguração de Brasília. Não teve negociação com os portugueses. Hoje existe uma cópia da santa em mármore na catedral de Brasília, mas sem os atributos da verdadeira – imagem barroca de 1,10 metro, feita de pedra de Ançã (espécie de pedra-sabão).

> "A figura mais perfeita e mais capaz de quantas inventou a natureza e conhece a geometria é o círculo. Circular é o globo da terra, circulares as esferas celestes, circular toda esta máquina do universo, que por isso se chama orbe, e até o mesmo Deus, se sendo espírito pudera ter figura, não havia de ter outra, senão
> a circular..."

E como muito bem condiz à iconografia de Nossa Senhora do Ó, sua representação é a da Virgem na forma circular, bem barriguda, já nos últimos meses de gestação. A imagem, segundo alguns autores, não estaria afinada com o dogma da Imaculada Conceição de Maria, proclamado em 1854, e que declara a maternidade divina da Virgem, concebida sem a mancha (*macula* em latim) do pecado original. Por isso, Nossa Senhora do Ó teria dado uma sumida do mapa.

"Muitas imagens foram trocadas pela da Nossa Senhora do Bom Parto, vestida de freira, com o ventre disfarçado pelas roupas, ou mesmo pela imagem de Nossa Senhora da Imaculada Conceição, mais condizente com os ventos moralistas de então", escreveu Augusto de Lima Júnior em *História de Nossa Senhora em Minas Gerais* e reproduzido na revista *Altus Ciência*, da Faculdade Cidade de João Pinheiro, de Minas Gerais. "É o contrário", afirma o teólogo e frei Clodovis Boff, "a imagem só comprova que ela é mãe de Jesus, não por obra do homem, por divindade, mas é a mãe verdadeira." A imagem de Maria grávida, amplamente aceita na Idade Média, desapareceu na Idade Moderna por um puritanismo que vem da Contrarreforma, numa época em que tudo era pecado, explica Boff.

> "O Recolhimento transformou-se num tipo de presídio, punição cruel imposta por maridos insatisfeitos e pais de jovens insubordinadas. Esposas infiéis eram enclausuradas ali, por vezes acusadas falsamente por maridos que queriam se ver livres delas."

O Rio de Janeiro, nos tempos da fundação da cidade (1565), teve uma capela construída de frente para a praia dedicada à Nossa Senhora do Ó. Ruiu com o tempo. No lugar, os padres carmelitas ergueram o que hoje é a majestosa Igreja de Nossa Senhora do Carmo, no centro da cidade. Mas a protetora das grávidas não abandonou a cidade maravilhosa. Em 1653, um português vindo da Ilha da Madeira e devoto de Nossa Senhora do Bom Parto, o mulato João Fernandes, comprou um terreno e construiu uma ermida para a santa. O que o bom homem não poderia imaginar é o uso perverso que um futuro vizinho faria do nome da santa.

O terrível Recolhimento do Parto

Em 1754, ao lado da capela erguida cem anos antes por João Fernandes, foi criada uma instituição batizada de Recolhimento de Nossa Senhora do Bom Parto, um grande prédio de três andares criado para abrigar prostitutas em busca de refúgio e apoio espiritual. Tais nobres intenções, porém, foram adulteradas, e o lugar passou a representar o pesadelo das mulheres da cidade. O Recolhimento transformou-se num tipo de presídio, punição cruel imposta por maridos insatisfeitos e pais de jovens insubordinadas. Esposas infiéis eram enclausuradas ali, por vezes acusadas falsamente por maridos que queriam se ver livres delas. Moças que ousavam ir contra o casamento arranjado pelo pai, entre outras desobediências domésticas, também iam parar atrás daquelas grades. Uma ameaça horrível e sempre à espreita. No livro *Um passeio pela cidade do Rio de Janeiro*, Joaquim Manuel de Macedo, o autor do clássico romance *A moreninha*, explica assim:

> "O marido voltava para casa depois da meia-noite sem explicar o motivo da sua ausência, via sem receio descoberto o segredo das suas infidelidades, negava à mulher um vestido novo para a festa de S. Sebastião, contrariava-lhe os desejos, zombava do seu amor, e se a vítima desprendia a voz e dava princípio a uma tempestade doméstica, o nobre Adão, sem se exaltar, sem se afligir, murmurava apenas – 'Olha o recolhimento do Parto...'".

Na noite de 23 para 24 de agosto de 1789, o prédio sofreu um incêndio tenebroso, de enormes proporções, que destruiu inclusive a capela vizinha. Duas melhores amigas, acusadas de infidelidade pelos respectivos maridos e encarceradas por eles, são envolvidas no crime. À parte essas informações reais, há uma lenda tórrida sobre a intimidade das duas, a qual é relatada em detalhes por Macedo.

Resumidamente, uma das mulheres, Ana Campista, casada, se apaixona pelo marido da outra, Matilde. Para ficar com o sujeito, Gil Soares, Ana Campista cria uma tremenda intriga que leva a amiga a trair o marido e, claro, ser descoberta por ele. Assim, Matilde acaba sendo confinada ao Recolhimento do Parto. Ana Campista se dá bem com Gil Soares livre, no papel de seu amante. Mas a farra dura pouco. A mulher é denunciada, veja bem, pelo próprio pai, que, ao descobrir a infidelidade da filha, revela ao genro. A infiel esposa é então castigada e sumariamente enviada para a clausura.

Ana Campista, porém, não era mulher que desistia facilmente. Combina com Gil Soares de botar fogo naquele tormento do Recolhimento para depois viverem felizes para sempre. O plano até dá certo, mas apenas parcialmente. Ana causa o incêndio e consegue escapar do prédio em chamas, enquanto Matilde, desmaiada, é carregada para fora. Mas durante a fuga, Ana Campista é interceptada pelo violento pai e, dali para a frente, nunca mais se teve notícias suas.

Agora o fato: no incêndio, todas as imagens sacras da capela foram destruídas, com exceção de uma, a de Nossa Senhora do Bom Parto, salva por uma destemida reclusa, que enfrentou o fogaréu para chegar até o altar-mor, pegar a imagem e sair, heroicamente, com a santa nas mãos.

A imagem se encontra hoje na atual Igreja Nossa Senhora do Bom Parto, cuja arquitetura é de deixar em choque qualquer devoto desavisado. Não possui nenhum traço do Rio antigo, apesar de localizada no belo centro histórico da cidade. Fica no térreo de um prédio de fachada anódina, com ares de banco, e espremida entre outros edifícios. Mas o interior é um oásis para a reflexão de quem circula pela frenética região.

A Virgem Negra da França

Vários autores brasileiros afirmam que a devoção à Nossa Senhora do Bom Parto "nasceu aos pés da Virgem Negra de Paris, venerada na antiga Igreja Saint-Étienne-des-Grès, na capital francesa". Seu nome: Notre Dame de la Délivrance!

"Notre Dame de la Délivrance é negra, cor relacionada com fertilidade e fecundidade desde cultos muito antigos, e segura o menino Jesus no colo. Acredita-se que era venerada já no século XI na igreja parisiense Saint-Étienne-des-Grès."

A palavra francesa *délivrance* – ainda usada como de *Bonne Délivrance* – significa entrega, liberação, expulsão e também parto. Porém na história desta milagrosa invocação não há menção clara a gravidez ou parto; refere-se a proteção num sentido amplo, para obter um fim (ou um afastamento) de todas as misérias e calamidades imagináveis, espirituais e corporais, por meio da intercessão de Nossa Senhora.

Pense, portanto, em algo dramático, uma dificuldade quase intransponível, diríamos que um parto, no sentido metafórico e também real, em tempos longínquos. É a casos graves assim que Notre Dame de la Délivrance pode ser associada. Grandes espiritualistas do século XVII foram seus devotos, como São Francisco de Sales e São Vicente de Paulo, que a nomeou "a Virgem das almas perdidas".

Notre Dame de la Délivrance é negra, cor relacionada com fertilidade e fecundidade desde cultos muito antigos, e segura o menino Jesus no colo. Acredita-se que era venerada

ORIGENS DA DEVOÇÃO

Georges Jansoone

UHF

EXPRESSÕES DE MARIA: GRÁVIDA E NEGRA

Maria é a mãe. Abrange sotaques, traços, cores de pele e atitudes diversas. Em comum está o seu amor incondicional ao ser humano. A sua representação na forma de uma gestante, nos últimos meses de gravidez, não é usual, mas o foi na Idade Média. Essa imagem acima, à esquerda, é uma escultura gótica de Nossa Senhora do Ó, feita em pedra no século XV. Encontra-se no altar da nave central da maior igreja de Portugal, além de uma das mais belas do país, considerada Patrimônio da Humanidade pela Unesco, a Catedral de Évora. Localizada na cidade de mesmo nome, é conhecida como a cidade-museu, pelos seus monumentos que remontam à época romana.

Já a representação de mãe e filho negros é a imagem que se acredita ter originado a devoção à Nossa Senhora do Bom Parto. Venerada desde o século XI, ela leva o nome de Notre Dame de la Bonne Délivrance (Nossa Senhora da Boa Entrega, em português). Traz o símbolo (a cor negra) nos cultos muito antigos da fertilidade e da ilimitada entrega maternal.

já no século XI na igreja parisiense Saint-Étienne-des-Grès, um dos templos destruídos durante a Revolução Francesa. Hoje a imagem datada do século XIV encontra-se na capela que leva o seu nome em Neuilly-sur-Seine, arredores de Paris.

A Virgem *coquette*

Uma outra Nossa Senhora negra é especialmente famosa por socorrer futuras mães, a Virgem Negra da Basílica Notre Dame de la Daurade, localizada na cidade francesa de Toulouse e provavelmente o santuário mariano mais antigo da Gália, um ex-templo pagão dos anos 500.

Apelidada de *Notre Dame des Bonnes Couches* (Nossa Senhora dos Bons Partos), sua imagem é, como dizem os franceses, uma das mais *coquettes* (charmosas) que existem. Possui um guarda-roupa majestoso, com vestidos de pedrarias e pérolas enviados por fiéis como agradecimento pelas graças, além de outros desenhados sob medida por importantes costureiros franceses, como informa o escritório de turismo de Toulouse. O acervo de roupas já ganhou até exposição. O Museu do Tecido, em Lyon, exibiu, em 2012, mais de vinte vestidos acompanhados dos respectivos modelos usados pelo menino Jesus. A roupa da santa é trocada nas grandes ocasiões, segundo os eventos litúrgicos do ano.

Nossa Senhora do Leite

Outro título de Maria relacionado à maternidade, porém alusivo à fase mais adiantada, da amamentação, é Nossa Senhora do Leite – ou da Lactação, como também é conhecida. Uma devoção importante e bastante documentada. A iconografia, claro, apresenta Maria amamentando no peito o menino Jesus.

Acredita-se que o culto teve início na Palestina, em Belém, cidade de Jesus. No local onde ele nasceu, foi erguida a Igreja da Natividade. Próximo a ela, fica a chamada Gruta do Leite, santuário de peregrinação de fiéis do mundo inteiro, especialmente mulheres e homens com problemas de fertilidade.

Diz a tradição, datada dos primeiros séculos da era cristã, que a família sagrada se refugiou nessa gruta pouco depois do nascimento de Cristo, durante o Massacre dos Inocentes – episódio de infanticídio cometido contra todos os meninos de até três anos, por determinação do rei Herodes, para evitar a perda do trono para o profetizado "Rei dos Judeus". Dali, a família fugiu para o Egito (ver capítulo 11, sobre Nossa Senhora do Desterro).

Maria, diz a tradição, amamentou o menino Jesus nessa gruta e algumas gotas do leite teriam caído na rocha, tingindo o lugar de branco. Segundo outra tradição, o consumo de uma pitada do pó dessa pedra branca, misturada com água, chá, suco ou leite e acrescida de fé e oração consiste numa poção milagrosa, responsável pelo nascimento de milhares de bebês cujos pais não conseguiam conceber. Cartas emocionadas de pais, acompanhadas das fotos

RELIGIÃO PELA ARTE

Romulo Fialdini/Tempo Composto - Museus CastroMaya, Rio de Janeiro.

FOGO NO TERRÍVEL RECOLHIMENTO

O incêndio pavoroso que rapidamente destruiu o Recolhimento de Nossa Senhora do Bom Parto e a igreja vizinha, no Rio de Janeiro, matando centenas de mulheres infelizes que viviam em muitos casos à força na instituição, foi registrado por João Francisco Muzzi. A tela do artista italiano mostra o desespero das pessoas, com móveis sendo atirados pelas janelas e o prédio em chamas.

de seus filhos nascidos "milagrosamente" – um grande número delas, inclusive, enviadas do Brasil –, estão expostas na gruta. Há também testemunhos de curas variadas, como pessoas com câncer e até cegas que se salvaram e atribuem a dádiva ao "leite em pó" da mítica gruta.

Coincidentemente, no Brasil, uma das representações mais belas e famosas da mãe de Deus amamentando fica na cidade de Belém, capital do Pará. A imagem integra o acervo do Museu de Arte Sacra da cidade.

Museu Nacional de Arte Antiga, LisboaMaya, Rio de Janeiro.

Virgem do Leite: famoso quadro do monge e pintor Frei Carlos, de 1525; a bela obra é destacada por José Saramago em seu livro *Viagem a Portugal*, um roteiro poético escrito ao longo da viagem que fez pelo país.

Ciclo de partos

Dar uma criança à luz é só um entre muitos partos. A saída dos filhos crescidos de casa é outro – e sem anestesia! Como mãe não gera só filho, mas também atitude responsável em relação ao crescimento do rebento, o dever materno de ajudá-lo a ir para o mundo é acompanhado de muita dor – lembrando que para o filho essa missão não é simples como pode parecer; a saída da casa dos pais é também dolorida. O mesmo pode ser vivido em gestações de diferentes tipos – de uma nova maneira de viver, de trabalhar etc., cujas criações não nascem fácil, não.

Na Bíblia, diz o irmão marista e teólogo Afonso Murad, a dor do parto é uma imagem usada para se referir aos processos históricos dolorosos, mas necessários para gerar o bem.

Nossa Senhora do "Ó", portanto, a protetora das grávidas, promete acudir na dor dos vários partos que constituem o ciclo da vida de mulheres e homens.

"ORAÇÃO A NOSSA SENHORA DO BOM PARTO"

Ó Maria Santíssima, vós, por um privilégio especial de Deus, não sofrestes as dores do parto, mas, sem dúvida, compreendeis perfeitamente as angústias e aflições das mães que esperam um filho, das que o carregam durante a gravidez e das que, por diferentes motivos, aguardam angustiadas a hora do parto. Olhai para mim, vossa serva, que na aproximação do parto sofro angústias e incertezas. Dai-me a graça de ter um parto feliz. Fazei que meu bebê nasça com saúde, forte e perfeito. Eu vos prometo orientar meu filho sempre pelo caminho certo, o caminho que o vosso filho, Jesus, traçou para todos os homens: o caminho do bem, do amor, da justiça e da paz.
Virgem, mãe do menino Jesus, agora me sinto mais calma e mais tranquila porque já sinto a vossa maternal proteção.
Nossa Senhora do Bom Parto,
Rogai por nós!

Fonte: Igreja Nossa Senhora do Bom Parto, de São Paulo
www.paroquiabomparto.org.br/oracao-a-nossa-senhora-do-bom-parto/

5

NOSSA SENHORA DA CABEÇA

5

NOSSA SENHORA DA CABEÇA

PARA TEMPOS QUE NOS FAZEM PERDER A CABEÇA

A espanhola morenita embranqueceu a caminho do Brasil, ganhou visual estranho e virou forte aliada dos que sofrem dos males da cabeça: de enxaqueca a depressão.

Essa imagem de Nossa Senhora é bem insólita, pois contém uma carga forte de morbidez: a doce Maria segurando a cabeça de um homem degolado. A santa é conhecida por socorrer quem padece de males da cabeça, problema bastante pertinente aos tempos atuais. Afora enxaqueca e preocupação com trabalho ou filhos, o auxílio divino pode ser invocado para um dos sofrimentos de incidência campeã no mundo moderno: as dores da mente – depressão, ansiedade, fobias, TOC (Transtorno Obsessivo Compulsivo), pânico e transtorno bipolar, entre outros distúrbios de saúde mental.

A esquisitice da imagem da santa se limita a sua iconografia, a qual, pasme, é uma exclusividade nacional, brasileiríssima. A devoção tem origem na Espanha, mas, quando se busca a conexão entre o culto daqui e o de lá, tudo parece sem pé e, literalmente, sem cabeça. A imagem original, espanhola, só leva cabeça no nome, e a razão está na denominação do local onde ela surgiu: o Pico da Cabeça, situado na Serra Morena, nas terras de Andaluzia. Nas mãos, além do Menino Jesus, Nossa Senhora segura um medronho, fruto abundante na região que lembra morango na aparência e com sabor agridoce. E, pasme de novo, a imagem espanhola é negra.

ORIGENS DA DEVOÇÃO

CAPELINHA CARIOCA RECEBEU PRIMEIRA IMAGEM

Alexandre Macieira/Tyba

De fachada simples, com alpendre na entrada e duas janelas, a capelinha tem mais de quatrocentos anos de história

A capela ao lado é a preciosidade do patrimônio histórico do Rio de Janeiro, onde foi depositada uma das duas primeiras imagens da santa da Cabeça que chegaram ao Brasil, trazidas da Espanha pela primeira-dama Maria de Mendonza y Benevides, mulher do então governador Martim de Sá. A família, portanto, foi responsável pela devoção no país. A igrejinha ficava dentro dos terrenos da casa grande da fábrica de açúcar Engenho Del Rey. Na época colonial, a maioria da população vivia nas fazendas, distante dos centros urbanos, que, por sua vez, tinham acessos difíceis. Por essas e outras, era comum os abastados construírem capelas nas fazendas, onde davam conta das obrigações religiosas, como realizar missas, batizados e casamentos.

Como é que mudou tanto no Brasil?

Tudo começou nos anos 1600, no Rio de Janeiro, com uma capelinha e a mulher do então governador Martim de Sá (parente de Estácio de Sá, fundador da cidade), a espanhola dona Maria de Mendoza y Benevides. Muito devota de Nossa Senhora da Cabeça, a primeira-dama trouxe duas imagens. Uma foi colocada na capela construída nas terras do Engenho Del Rey, dedicada à santa da cabeça. A igrejinha, aliás, é uma relíquia histórica do Rio de Janeiro, um dos templos mais antigos da cidade com a configuração original preservada. Construída provavelmente entre 1603 e 1607, a igrejinha fica no bairro do Jardim Botânico, em meio à mata remanescente da Barra da Tijuca – a imagem antiga da santa, porém, não existe mais.

A segunda imagem trazida por dona Maria foi colocada na Igreja de São Sebastião, que viria a ser a primeira catedral, no Morro do Castelo. A imagem mudou-se algumas vezes para diferentes templos até chegar à Igreja do Rosário, de onde foi transferida para a Sé e quebrada na mudança. Uma nova imagem foi encomendada em Portugal e de lá voltou com outra aparência:

branca e segurando a cabeça de um homem. Permanece até hoje em um dos altares laterais da Nossa Senhora do Carmo da Antiga Sé, no centro do Rio.

Como se deu essa metamorfose na santa? A mesma pergunta martelou a cabeça de um jovem padre, Jefferson Merighetti, quando assumiu, em 2011, a Paróquia Nossa Senhora da Cabeça, no bairro carioca da Penha. Especializado em história da arte sacra, o pároco fez um oportuno movimento de resgate histórico da devoção. Pesquisou os registros do restauro da igreja, pelo qual também passou a imagem portuguesa, e descobriu que originalmente a cabeça tinha a forma de um ex-voto clássico, esculpido em madeira, sem os atuais cabelos e sobrancelhas pintadas e a pele de cor cárnea que tanto causam o efeito mórbido da imagem. Já o processo de embranquecimento da imagem de Nossa Senhora, operado em Portugal, provavelmente se deveu à razão óbvia de que o branco era a cor valorizada, e não o negro, dos escravos.

“A história no Brasil conta ainda com o célebre caso do devoto que teve literalmente a cabeça salva por milagre da santa. O homem fez o voto de depositar, aos pés da imagem, uma reprodução em cera da parte do seu corpo que estava prestes a rolar. Na hora h, quando a execução estava para se consumar, um mensageiro do rei surge com o indulto do condenado na mão.”

A história no Brasil conta ainda com o célebre caso do devoto que teve literalmente a cabeça salva por milagre da santa. O homem fez o voto de depositar, aos pés da imagem, uma reprodução em cera da parte do seu corpo que estava prestes a rolar. Na hora h, quando a execução estava para se consumar, um mensageiro do rei surge com o indulto do condenado na mão. Alguns autores afirmam que o beneficiado era um nobre, pressupondo-se assim que, com poder e dinheiro, teria influenciado no *design* da imagem produzida em Portugal. Já a salvação da cabeça do devoto acrescida ao nome da devoção deve ter reforçado no Brasil a prática de invocá-la na proteção dos males da cabeça.

SANTA IMAGEM

Michelangelo

DUAS ICONOGRAFIAS E UMA DEVOÇÃO

Morenita, Y pequeñita
lo mismo que una aceituna
una aceituna bendita...

O amoroso verso acima – moreninha e pequenina, o mesmo que uma azeitona, uma azeitona bendita, em tradução para o português – é um trecho do hino espanhol de Nossa Senhora da Cabeça. Não tem pé nem cabeça se considerada a representação, à esquerda, da santa na versão brasileira. Na foto acima, a moreninha espanhola segura o Menino Jesus com uma mão e na outra tem um medronho, fruto comum na Serra Morena, em Andaluzia, Espanha, local de surgimento da devoção. Foi desse jeitinho gracioso que ela desembarcou aqui, mais precisamente no Rio de Janeiro. O que levou à tão drástica e, diria, infeliz transformação na figura da santa? As razões passam por preconceito com a cor negra e a história de um devoto condenado que pediu à santa e alcançou a promessa de não ter a cabeça literalmente degolada.

E por que a imagem espanhola trazida pela primeira-dama ficava pulando de igreja em igreja? Essa era outra inquietação do padre Jefferson, o que o fez descobrir que Nossa Senhora da Cabeça havia sido eleita pelos cabidos (conjunto de clérigos que ajudam a governar uma diocese) como sua padroeira. Portanto, cada vez que eles se mudavam para uma nova Sé, carregavam junto a imagem sagrada.

Hoje, o Rio de Janeiro dispõe da santa representada em três versões. Uma é a releitura brasileira tradicional, em que a cabeça na mão de Maria reproduz, feito uma máscara, o rosto de um homem. A outra é a mesma imagem, porém isenta de pintura, iniciativa do padre Jefferson para a escultura da sua igreja na Penha. Por fim, a mais novinha, que aportou no Rio de Janeiro em 2015: uma réplica exata da imagem espanhola, desenvolvida no próprio Santuário de Andaluzia. Uma doação das mais de sessenta confrarias da Espanha para a igreja carioca de Nossa Senhora da Cabeça no seu aniversário de cinquenta anos. Segundo o pároco Jefferson, que solicitou a imagem à Basílica, o artesão espanhol teve a sensibilidade de esculpir a peça com cedro importado do Brasil.

A *guapa* da Espanha

La Morenita, como tão amorosamente é chamada Nossa Senhora da Cabeça na Espanha, é venerada em um santuário erguido em uma área belíssima, dentro do Parque Natural de la Sierra de Andújar, no chamado Pico da Cabeça, distante 32 quilômetros, recheados de incontáveis curvas, da cidade de Andújar, na Andaluzia.

Ali, no ano de 1227, segundo a tradição, Nossa Senhora apareceu a Juan Alonso Rivas, um pastor de Granada, cristão fervoroso e simples, cujo braço esquerdo era paralisado. Juan costumava pastorear suas ovelhas e cabras no alto da Serra Morena, próximo ao Pico da Cabeça. Certa noite, viu luzes sobre o monte, acompanhadas de toques de sino, uma cena enigmática que se repetiu com frequência. Na noite de 11 para 12 de agosto, decidiu esclarecer o mistério. Seguiu até o alto do monte, onde se deparou, num espaço formado por duas grandes rochas de granito, com uma pequena imagem de Nossa Senhora. Ao pastor, ela expressou o desejo de ver construído um templo naquele lugar e que tal mensagem fosse transmitida por ele a todos na cidade. Para provar às pessoas do vilarejo a veracidade do testemunho, Juan recebeu a graça de ter de volta os movimentos do braço paralisado.

No local, uma pequena ermida foi construída pelos moradores entre os anos de 1287 e 1304, que passou por várias reformas e ampliações ao longo do tempo até se tornar um Santuário.

No século XX, durante a Guerra Civil Espanhola, em 1936, um grupo de civis e soldados se refugiaram no interior do templo, resistindo por quase oito meses aos ataques das tropas republicanas. Muita gente morreu nesse evento com contornos de epopeia, e a igreja teve que ser reconstruída.

Há ainda um mistério na história da *guapa Morenita*. Durante o longo cerco ao Santuário na Guerra Civil, a imagem de Maria sumiu e até hoje ninguém sabe o que houve. Muito antes, a imagem encontrada pelo pastor Juan, no século XIII, teria sido enterrada para protegê-la dos mouros durante invasão muçulmana. A pergunta que não sai da cabeça: será que o mesmo se repetiu na guerra e mais uma vez a escultura sagrada reaparecerá por outras plagas da Espanha?

Todo início de primavera na Europa é marcado pela chegada de uma multidão de romeiros a cavalo, a pé ou de carro que protagonizam uma impressionante manifestação de fervor, bastante efusiva, viva, alegre e colorida pelo festival de bandeiras e estandartes das confrarias.

Pelas cabeças do século XXI

Perde-se muito mais facilmente a cabeça hoje do que na época em que guilhotinas e forcas encontravam-se na ativa. Numa fila de banco, de supermercado, no ônibus, na firma, no trânsito... em qualquer atividade banal do cotidiano nas grandes e caóticas cidades é comum presenciar cidadãos trocando sopapos verbais. As crises econômicas e políticas e a violência deixam qualquer um de cabeça quente. Um dado revelador do quanto a população anda com a cabeça ruim é a elevada incidência de doenças mentais nas grandes metrópoles brasileiras. Esse título de Nossa Senhora, portanto, é uma benção para estes bizarros tempos atuais.

Flopezr

O santuário na Espanha fica dentro de um belo parque natural, no alto do Pico da Cabeça, de onde vem o nome da santa, e possui até hospedaria para receber os fiéis da romaria mais antiga do país (e certamente a mais animada)

SABIA DESSA?

Padre Pedro de Almeida Cunha

A SANTA É A MESMA, MAS A CABEÇA...

Na região da histórica Estrada dos Tropeiros, interior de São Paulo, uma devoção totalmente brasileira e eminentemente popular, nomeada e cultuada por cem anos pelo povo – a igreja só chegou depois de um século –, possui um histórico de centenas de milhares de milagres. Seu nome: Santa Cabeça. Sua história lembra a de Aparecida. Por volta de 1829, a cabeça de uma imagem de Nossa Senhora foi encontrada no rio Tietê por dois pescadores, que a deram para o negociante José Correa, saído de Porto Alegre a caminho do Rio de Janeiro. Numa parada para o almoço na casa de Joana de Oliveira, ele ofereceu a pequena peça. Joana aceitou, fez um oratório para a cabeça e os vizinhos passaram a se reunir ali para rezar. Os milagres foram abundantes, conta o padre Pedro de Almeida Cunha, reitor do Santuário Nossa Senhora de Santa Cabeça, localizado no município de Cachoeira Paulista.

Atualmente, dez a vinte milagres alcançados são relatados semanalmente no livro da igreja. Todos relativos à cabeça: de câncer e AVC a distúrbios mentais, como depressão, ou ligadas à capacidade intelectual, para ter aprovação no concurso público, no exame da carteira de motorista ou no vestibular.

"ORAÇÃO A NOSSA SENHORA DA CABEÇA"

Eis-me aqui, prostrado aos vossos pés,
ó mãe do céu e Senhora Nossa!
Tocai o meu coração
a fim de que deteste sempre o pecado
e ame a vida austera e cristã
que exiges dos vossos devotos.
Tende piedade das minhas misérias espirituais!
E, ó Mãe terníssima,
não vos esqueçais também das misérias
que afligem o meu corpo
e enchem de amargura a minha vida terrena.
Dai-me saúde e forças
para vencer todas as dificuldades que me opõe o mundo.
Não permitais que a minha pobre cabeça
seja atormentada por males
que me perturbem a tranquilidade da vida.
Pelos merecimentos do vosso divino Filho,
Jesus Cristo,
e pelo amor a que Ele consagrais,
alcançai-me a graça que agora vos peço
(pede-se a graça que se deseja obter)
Aí tendes, ó Mãe poderosa, a minha humilde
súplica.
Se quiserdes, ela será atendida.
Nossa Senhora da Cabeça, rogai por nós.

Fonte: Paróquias de Portugal
http://www.paroquias.org/oracoes/?o=77

6

NOSSA SENHORA DO ROSÁRIO

6

NOSSA SENHORA DO ROSÁRIO

ROSÁRIO HOJE É DA PAZ, MAS FOI ARMA DE GUERRA

Versão combativa de Maria encorajou soldados cristãos munidos da fé no rosário. Foi arma de resistência de escravos. Hoje, está mais para bandeira pela tolerância.

Nossa Senhora ganha uma rosa toda vez que se reza uma "Ave-Maria"; e a cada rosário completo, ela recebe uma coroa inteira de flores. O rosário (do latim *rosarium*, o mesmo que jardim de rosas) encerra um mundo de simbolismo.

Rezar meditando sobre os eventos mais marcantes da vida de Cristo e de Maria, os chamados mistérios, aliado à serena repetição das muitas "Ave-Marias" e "Pai-Nossos", funciona como um instrumento de paz. E arma de guerra também. No caso, contra inimigos da fé e da Igreja, os quais variaram conforme a época: da invasão turca na Europa no século XVI ao comunismo ateísta no século XX.

Nossa Senhora do Rosário revela uma dimensão diferente da tradicional terna, suave e serena Virgem. Aqui, vem à tona uma faceta enérgica, vigorosa, guerreira. Como toda grande figura, "Maria conjuga em si os traços da energia e da ternura, do combate e da paz", escreve frei Clodovis Boff em *Mariologia social*, listando inúmeros episódios históricos que revelam a influência política e até militar da devoção à Maria, em que as vitórias foram atribuídas ao socorro da santa.

RELIGIÃO PELA CIÊNCIA

ESPIRITUALIDADE É SANTO REMÉDIO

Rezar o terço do rosário pode ser um grande remédio, assim como meditar, participar de cultos, grupos de oração ou seja qual for a prática espiritual. Vários estudos mostram que existe fundamentação científica para os efeitos positivos da espiritualidade sobre a saúde. Médicos e pesquisadores envolvidos com o assunto explicam essa relação a partir de diferentes aspectos, e a questão comportamental costuma estar presente. Paciente com fé dispõe de mais recursos internos para encarar e superar as adversidades; o espírito de comunidade (não se participa de cultos sozinho) e, portanto, de solidariedade forma uma rede de proteção social que fortalece o indivíduo. Até mesmo o comprometimento com o autocuidado aumenta entre os que cultivavam uma devoção, apontam pesquisas. Exames de imagem também já foram usados em estudos, por meio dos quais é possível visualizar mudanças no cérebro de quem é praticante de meditação, por exemplo. O resultado desse trabalho com neuroimagem, realizado pela Harvard Medical School, nos EUA, em conjunto com outros institutos, chegou a resultados animadores no que se refere à melhoria da qualidade de vida. A espiritualidade, portanto, é um aliado da boa saúde, tanto espiritual quanto mental e física.

A devoção ao rosário teve início exatamente numa época em que a Igreja estava às voltas com um duro enfrentamento: os violentos ataques, no início do século XIII, da chamada heresia albigense – nome derivado da cidade de Albi, no sul da França – ou catarismo. Era um movimento religioso cuja doutrina se chocava radicalmente com a Igreja Católica e que crescia vertiginosamente.

O então papa, Inocêncio III, encarregou São Domingos de Gusmão (na época, cônego) de liderar uma ação de combate aos hereges e reconquista dos fiéis perdidos. Segundo uma lenda cristã, depois de muito pedir a Deus por ajuda na espinhosa missão, em que sangrentos combates foram travados, Nossa Senhora apareceu e entregou ao religioso o eficaz método de oração – o rosário. A cena, inclusive, constitui a iconografia de Nossa Senhora do Rosário; por vezes, a representação inclui Santa Catarina de Siena recebendo um rosário das mãos do menino Jesus.

Inspirado por Maria, São Domingos então enfrentou o desafio munido da recitação do santo rosário – ou terço, expressão mais comum em português e que significa a terça parte do rosário, ou seja, cinquenta "Ave-Marias".

Antigamente, provavelmente na segunda metade do século XV, ele era composto de três terços, com as 150 "Ave-Marias" tal como conhecemos atualmente. Hoje, o rosário é formado por quatro terços, duzentas "Ave-Marias". A vitória sobre os albigenses foi atribuída a essa forma de oração.

O esforço e a dedicação do religioso em propagar o eficaz instrumento de conversão, o que teria sido um pedido de Nossa Senhora, levaram a Igreja a dar a ele o título de "Apóstolo do Santo Rosário" – São Domingos fundou a famosa Ordem dos Dominicanos ou Irmãos Pregadores.

Três séculos depois, um evento grandioso comprovou novamente o poder da invocação do terço: as tropas cristãs derrotaram os turcos otomanos na importante batalha naval de Lepanto, no Golfo de Corinto, Grécia, o que deu fim à expansão islâmica no Mediterrâneo. Coincidência ou não, como escreve Boff, a vitória se deu no dia 7 de outubro, um domingo, quando as confrarias do rosário se reuniam em Roma para fazer sua procissão. A intervenção de Nossa Senhora no êxito foi amplamente reconhecida. Magia? Milagre? O que é fato: a confiança na ação da santa em favor de quem busca seu socorro infunde coragem, força e esperança em dobro. E uma curiosidade: entre os combatentes da armada cristã, estava o escritor espanhol Miguel de Cervantes, autor da obra-prima *Dom Quixote*, que no confronto teve a mão esquerda inutilizada.

“Muitos crimes foram cometidos em nome da religião, apelando à figura combativa de Maria, como nas cruzadas e na conquista de novas terras (no Brasil, hordas de índios foram massacrados em conflitos com os colonizadores).”

Maria das Batalhas x Rainha da Paz

Muitos crimes foram cometidos em nome da religião, apelando à figura combativa de Maria, como nas cruzadas e na conquista de novas terras (no Brasil, hordas de índios foram massacrados em conflitos com os colonizadores).

À parte argumentações que ponderam o contexto históri-

Nossa Senhora segura o Menino Jesus e entrega o rosário a São Domingos de Gusmão, fundador da Ordem dos Dominicanos. Com frequência, a representação inclui Santa Catarina de Siena, como na imagem ao lado, recebendo também um rosário. A santa mística, declarada doutora da Igreja, além de padroeira da Itália, junto com São Francisco de Assis, e copadroeira de Roma e depois da Europa, teve uma visão de São Domingos, o que a teria convencido de pertencer à respectiva ordem.

co, entre outros aspectos, o fato é que hoje o apelo a se fazer a Nossa Senhora do Rosário é muito mais de ponte para o diálogo e união do que muro que separa e discrimina. Como afirma frei Clodovis Boff, a sensibilidade ética prefere hoje a Rainha da Paz a uma Santa Maria das Batalhas. "Podemos dar-lhe o epíteto de Lutadora, sim, mas Lutadora da Vida."

O 7 de outubro foi instituído dia da Festa de Nossa Senhora das Vitórias pelo papa Pio V. Depois, seu sucessor, o papa Gregório XIII, reconhecendo a oração do rosário como a arma do êxito em Lepanto, mudou o nome para Nossa Senhora do Rosário. A devoção se expandiu largamente, com o rosário sendo rezado inteiro ou em terços.

De Maria e do orixá

No Brasil, os escravos adotaram o culto à santa do rosário trazido pelos missionários e também pelos que já a conheciam desde a África, onde a imagem, segundo alguns autores, teria sido usada na catequização por padres portugueses.

Algumas hipóteses tentam explicar a intensa ligação dos negros com a santa do terço. Uma delas, apontada pelo historiador José Ramos Tinhorão em *Os negros em Portugal, uma presença silenciosa*, assinala a semelhança entre o rosário católico e o "rosário" africano, o Ifá, usado nas consultas sobre o futuro ou a sorte no amor. As peças do oráculo, nozes de uma palmeira chamada okpê-lifá, eram atiradas soltas ou unidas em rosário.

A devoção também é farta em belas histórias. Uma delas faz referência às danças dos negros em louvor à Nossa Senhora do Rosário; outra, às miçangas do terço, como informa em seu site a Imperial Irmandade de Nossa Senhora do Rosário e São Benedito dos Homens Pretos, do Rio de Janeiro:

> "Chico Rei era homem que inspirava respeito. Inteligente, solidário e enérgico, trabalhou insanamente nas minas de ouro nas curtas horas de descanso, conseguindo dinheiro para pagar a sua alforria e depois a do seu único filho."

"Conta-se que, em um local da Costa Africana, a imagem da Nossa Senhora do Rosário teria aparecido nas águas do mar. Os homens brancos teriam ficado impressionados e feito homenagens para vê-la sair das águas, mas não obtiveram nenhum sucesso. Foi quando, então, pediram ajuda aos negros, que, ao tocarem e dançarem, comoveram a santa, que veio para a praia.
Outra lenda conta que um negro cativo, ao vagar seu olhar para as águas do mar e triste com sua condição de escravo, começou a rezar em louvor à santa e teve as suas lágrimas transformadas em sementes, que serviram para confeccionar Rosários da Nossa Senhora."

As contas usadas nos terços eram as sementes grandes e de cor cinza da planta chamada lágrima-de-nossa-senhora

(*Coix lacryma-jobi*). No Brasil Colônia, negros levavam o rosário pendurado no pescoço. À noite, depois dos trabalhos, se reuniam em torno de um "tirador de reza" nas senzalas, de onde se ouvia o sussurrar das preces dos escravos, conta Nilza Botelho Megale em *Invocações da Virgem Maria no Brasil.*

Inúmeras irmandades de negros foram fundadas sob a invocação da santa em vários cantos do Brasil. Uma das suas missões mais importantes era manter a identidade cultural como forma de resistência de homens e mulheres vítimas de opressão e abusos desumanos por parte dos colonizadores.

O encontro da doutrina católica com os cultos e divindades africanos produziu um sincretismo religioso que fez das festas de Nossa Senhora do Rosário, promovidas pelas irmandades, um *mix* de cerimônia litúrgica católica com elementos da cultura africana. Um cortejo saía pelas ruas embalado por muita música e dança. O ponto alto era a cerimônia de coroação do Rei e da Rainha do congado, rememorando os reinados nos países africanos – os mais antigos registros das solenidades no Brasil são de 1674, promovidas pela Igreja da Irmandade de Nossa Senhora do Rosário, no Recife, segundo Tinhorão em *As festas no Brasil Colonial.*

As mais proeminentes festas, no entanto, aconteciam no estado de Minas Gerais. Em Ouro Preto, na Igreja de Nossa Senhora do Rosário dos Homens Pretos do Alto da Cruz, ou simplesmente Santa Ifigênia (santa católica negra, de origem africana e também venerada pelos negros), nasceu a figura lendária de Chico Rei. Monarca africano do Congo de nome Galanga, foi aprisionado no seu país e trazido para ser escravo no Brasil. Aportou no Rio de Janeiro em meados do século XVIII, foi batizado com o nome de Francisco (Chico) e enviado para a então Vila Rica.

Chico Rei era homem que inspirava respeito. Inteligente, solidário e enérgico, trabalhou insanamente nas minas de ouro nas curtas horas de descanso, conseguindo dinheiro para pagar a sua alforria e depois a do seu único filho (a mulher e a filha morreram no Atlântico durante a viagem). Os dois trabalharam e compraram a liberdade de um escravo, que se uniu a eles e compraram a de outro, e assim sucessivamente até libertar a tribo toda.

> "Formaram entre si como que um Estado: Francisco era o rei; sua nova mulher, a rainha; seu filho, o príncipe; a nora, a princesa. A coletividade possuía a mina riquíssima de Encardideira. Tomaram como padroeira Santa Ifigênia, a cuja milagrosa imagem prestavam culto no Alto da Cruz, na capela levantada sob a intenção de Nossa Senhora do Rosário."

A descrição acima é do poeta Manuel Bandeira, publicada no seu *Guia de Ouro Preto*, de 1938, na qual cita outros dois intelectuais que escreveram sobre o personagem, o escritor Afonso Arinos e o historiador Diogo de Vasconcelos.

Não há documento comprovando a existência do escravo-rei, mas há quem acredite que a lenda seja história pura. No Dia de Reis, em Vila Rica, segundo a tradição, as negras do cortejo de Chico levavam pó de ouro nos cabelos crespos e depois os lavavam na pia batismal existente na entrada da Igreja do Alto da Cruz. O ouro recolhido era usado como donativo para a padroeira. Essa encantadora e tocante cena das carapinhas empoadas de ouro consta do poema "Romance VIII ou do Chico Rei", em *Romanceiro da Inconfidência*, de Cecília Meireles, em que a escritora dá voz a Chico Rei:

"O trono é de lua,
de estrela e de sol.
Vamos abrir a lama, povo,
remexer cascalho,
guarda na carapinha, negra,
o véu do ouro em pó! ..."

E você, reza como?

Não precisa contar, claro, como se dá essa prática na intimidade. Cultivar a dimensão espiritual e de que forma fazê-lo é uma escolha de cada um.

A repetição oral de uma sílaba, palavra ou verso integra a prática de diferentes filosofias ou religiões. No hinduísmo e no budismo, por exemplo, há os mantras, recitados ou cantados repetidamente como forma de apaziguar a mente, levar à meditação, entre outros frutos espirituais. É o caso, no catolicismo, da oração vocal, como a "Ave-Maria". "Enquanto os lábios pronunciam as mesmas palavras, a mente se aquieta e o coração, em silêncio, sintoniza com Deus", escreve o irmão marista e teólogo Afonso Murad no livro *Maria, toda de Deus e tão humana*. Ele acrescenta um detalhe fundamental: "Não é uma oração de pensar, de refletir, mas sim de contemplar".

A experiência contemplativa, meditativa, é outra dimensão da oração, que desloca o foco da mente agitada, abarrotada de ideias, inquietações, e que tanto produz ações desastradas, equivocadas, além de desentendimentos. O monge beneditino inglês Laurence Freeman, que divulga outro tipo de oração, o método da meditação cristã, lembra que, desde criancinhas, aprendemos a rezar pedindo a Deus o que nós precisamos ou os outros precisam. Ou seja, oramos mais com a mente. "Isso corresponde apenas à metade do mistério da oração. A outra metade é a oração do coração", escreve em seu livro *Prática diária da meditação cristã*.

Como disse o francês Blaise Pascal, gênio da matemática, filósofo e cristão do século XVII: "É o coração que sente Deus e não a razão".

LUGAR DE COMUNHÃO

Phsartori

IGREJA É VITÓRIA DE RESISTÊNCIA DOS NEGROS

O culto ao rosário é para todos, mas nem sempre foi. Negro não podia frequentar igreja de branco na sociedade escravocrata. Para praticarem seus ritos religiosos com liberdade e se organizarem socialmente, em 1711, a comunidade negra funda a Irmandade dos Homens Pretos (ou Os Pretos do Rosário de São Paulo). Até conseguirem conquistar o templo do Largo do Paissandu, na região central da cidade de São Paulo, sofreram o pão que o diabo amassou.

A história passa pela desapropriação traumática dos seus terrenos, em 1871-1872, que incluíam casebres, onde vivia uma comunidade de africanos livres, e o cemitério, cuja destruição foi um choque para os irmãos pretos, pois o lugar tinha função importante no culto aos mortos. Depois, foi desapropriado o próprio templo, construído com tanta dificuldade. Começou como uma capelinha muito pobre. Para ajudar a igualmente carente irmandade, seu ermitão, Domingos de Mello Tavares, passou quase sete anos no meio do sertão pedindo esmola. Arrecadou 10 mil cruzados e a construção, obra de trabalho coletivo e voluntário dos devotos, ocorreu entre 1725 e 1750 (há controvérsias sobre a data), como narra Clovis Moura em seu *Dicionário da escravidão negra no Brasil*. A velha igreja ficava no antigo Largo do Rosário, hoje Praça Antônio Prado, no centro. Em 1903, foi desapropriada, e a Irmandade recebeu uma pequena área no Paissandu, onde, três anos depois, foi inaugurado o atual templo. O que muitos desconhecem é o monumento à Mãe Preta, localizado na praça junto à igreja. A estátua de bronze representa as amas de leite, que amamentavam os filhos dos senhores de engenho nos tempos coloniais. De autoria de Júlio Guerra, foi inaugurado em 1955, como parte das comemorações do quarto centenário da cidade.

COMO SE REZA O TERÇO

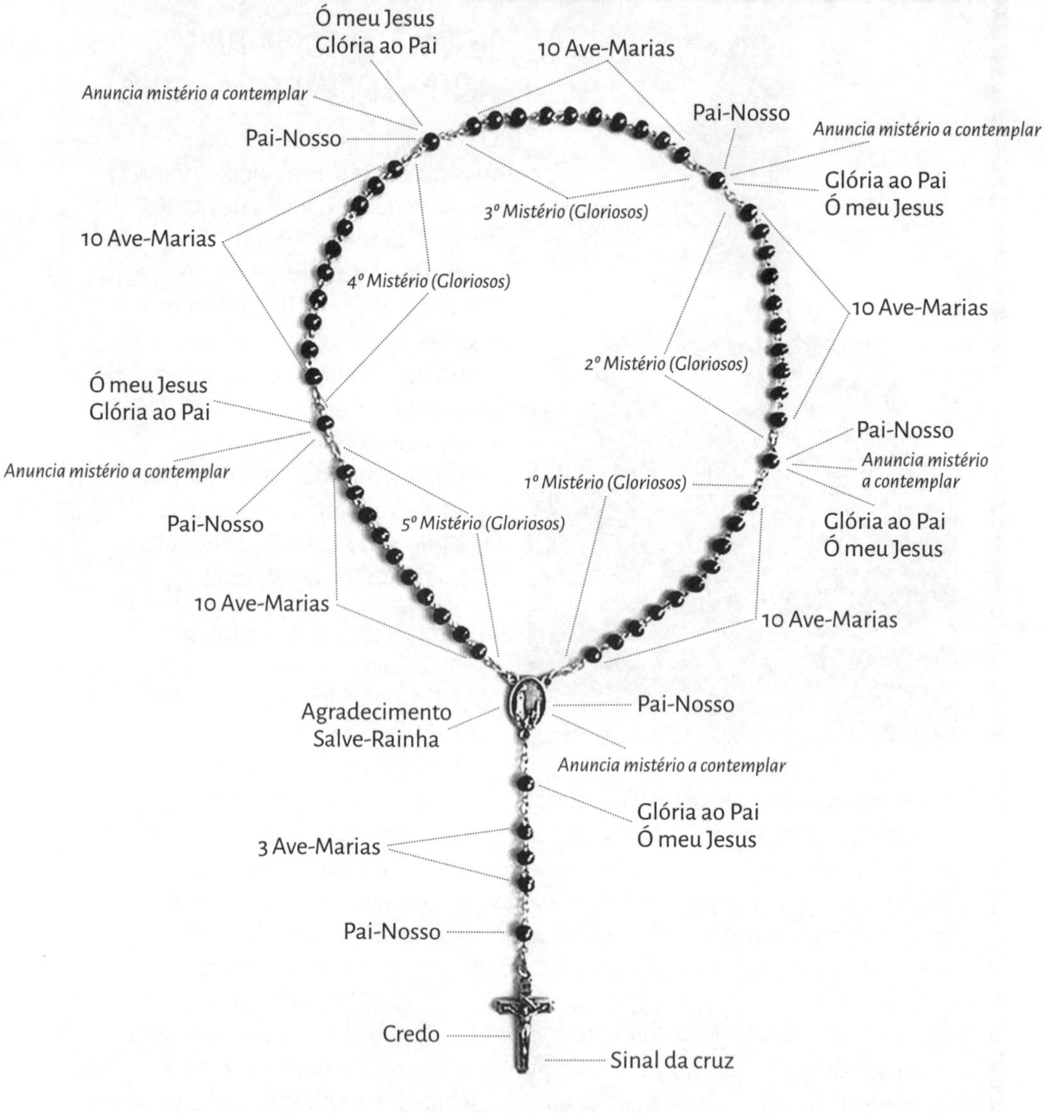

Para cada dia da semana, contempla-se um mistério, que é composto de cinco partes, um para cada dezena do terço.
Este exemplo é do terço rezado no domingo e na quarta-feira, dias em que se contemplam os mistérios gloriosos.

AS ORAÇÕES

SINAL DA CRUZ
Em nome do Pai, do Filho e do Espírito Santo. Amém.

CREIO
Creio em Deus Pai todo-poderoso, Criador do céu e da terra; e em Jesus Cristo, seu único Filho, nosso senhor; que foi concebido pelo poder do Espírito Santo; nasceu da Virgem Maria, padeceu sob Pôncio Pilatos, foi crucificado, morto e sepultado. Desceu à mansão dos mortos; ressuscitou ao terceiro dia; subiu aos céus, está sentado à direita de Deus Pai todo-poderoso, donde há de vir a julgar os vivos e os mortos; creio no Espírito Santo, na santa Igreja Católica, na comunhão dos santos, na remissão dos pecados, na ressurreição da carne, na vida eterna. Amém.

PAI-NOSSO
Pai nosso, que estais no céu, santificado seja o vosso nome; venha a nós o vosso reino, seja feita a vossa vontade assim na terra como no céu. O pão nosso de cada dia nos dai hoje; perdoai-nos as nossas ofensas assim como nós perdoamos a quem nos tem ofendido; e não nos deixeis cair em tentação, mas livrai-nos do mal. Amém.

AVE-MARIA
Ave-Maria, cheia de graça, o Senhor é convosco; bendita sois vós entre as mulheres, e bendito é o fruto do vosso ventre, Jesus. Santa Maria, mãe de Deus, rogai por nós, pecadores, agora e na hora da nossa morte. Amém.

GLÓRIA
Glória ao Pai, ao Filho e ao Espírito Santo. Assim como era no princípio, agora e sempre, pelos séculos dos séculos. Amém.

Ó MEU JESUS
Ó meu Jesus, perdoai-nos e livrai-nos do fogo do inferno; levai as almas todas para o céu, e socorrei principalmente as que mais precisarem da Vossa infinita Misericórdia.

AGRADECIMENTO
Infinitas graças vos damos, soberana rainha, pelos benefícios que todos os dias recebemos de vossas mãos liberais. Dignai-vos agora e para sempre tomar-nos debaixo de vosso poderoso amparo e para mais vos agradecer te saudamos com uma Salve-Rainha.

SALVE-RAINHA

Salve, Rainha, mãe de Misericórdia, vida, doçura e esperança nossa, Salve. A vós bradamos, os degredados filhos de Eva. A vós suspiramos, gemendo e chorando neste vale de lágrimas. Eia, pois, advogada nossa, esses vossos olhos misericordiosos a nós volvei; e depois deste desterro mostrai-nos Jesus, bendito fruto do vosso ventre. Ó clemente, ó piedosa, ó doce sempre Virgem Maria.

V. Rogai por nós, Santa Mãe de Deus,

R. Para que sejamos dignos das promessas de Cristo. Amém.

OS MISTÉRIOS

MISTÉRIOS GOZOSOS (OU DAS ALEGRIAS) segunda-feira e sábado

No 1º mistério contempla-se - a anunciação do Anjo Gabriel à Virgem Maria de que ela será mãe

No 2º mistério contempla-se - a visita de Maria a sua prima Isabel

No 3º mistério contempla-se - o nascimento de Jesus

No 4º mistério contempla-se - a apresentação do Menino Jesus no Templo de Jerusalém

No 5º mistério contempla-se - a perda e o encontro do Menino Jesus no Templo de Jerusalém

MISTÉRIOS LUMINOSOS - quinta-feira

No 1º mistério contempla-se - o Batismo de Jesus Cristo no rio Jordão

No 2º mistério contempla-se - o Milagre das Bodas de Canaã

No 3º mistério contempla-se - o anúncio do Reino de Deus e o convite à conversão

No 4º mistério contempla-se - a transfiguração de Nosso Senhor no monte Tabor

No 5º mistério contempla-se - a instituição da Eucaristia na última ceia

MISTÉRIOS DOLOROSOS - terça e sexta-feira

No 1º mistério contempla-se - a agonia de Jesus Cristo no Horto das Oliveiras

No 2º mistério contempla-se - a flagelação de Jesus

No 3º mistério contempla-se - Jesus sendo coroado com espinhos

No 4º mistério contempla-se - Jesus carregando a cruz até o Calvário

No 5º mistério contempla-se - a crucificação e a morte de Jesus Cristo

MISTÉRIOS GLORIOSOS - quarta-feira e domingo

No 1º mistério contempla-se - a Ressurreição de Jesus Cristo

No 2º mistério contempla-se - a ascensão de Jesus Cristo ao Céu
No 3º mistério contempla-se - a vinda do Espírito Santo
No 4º mistério contempla-se - a assunção de Maria ao Céu
No 5º mistério contempla-se - a coroação de Maria por Jesus e os anjos como Rainha do Céu e da Terra

Fonte: Sandra Marina Witkowski (Ir. Faustina,OblOSB), oblata do Mosteiro de São Bento de São Paulo

"ORAÇÃO A NOSSA SENHORA DO ROSÁRIO"

Nossa Senhora do Rosário,
dai a todos os cristãos a graça
de compreender a grandiosidade
da devoção do santo rosário,
na qual à recitação da Ave-Maria
se junta a profunda meditação
dos santos mistérios da vida,
morte e ressurreição de Jesus,
vosso Filho e nosso Redentor.

São Domingos, apóstolo do rosário,
acompanhai-nos com a vossa bênção,
na recitação do terço, para que,
por meio desta devoção a Maria,
cheguemos mais depressa a Jesus,
e, como na batalha de Lepanto,
Nossa Senhora do Rosário nos leve à vitória
em todas as lutas da vida;
por seu Filho, Jesus Cristo,
na unidade do Pai e do Espírito Santo.
Amém

Fonte: Paroquia Nossa Senhora do Rosário, Concórdia, SC
http://paroquiarosario.com.br/oracoes/oracao-a-nossa-senhora-do-rosario

7

NOSSA SENHORA DESATADORA DOS NÓS

7

NOSSA SENHORA DESATADORA DOS NÓS

SANTA AJUDA PARA ESTORVOS DO COTIDIANO

A devoção é do século XVIII, mas só foi divulgada ao mundo a partir dos anos 1990 pelo mais ilustre de seus devotos, o papa Francisco. Como o nome diz, desfaz os nós da vida.

Nossa Senhora do Bom Acesso (à Internet), da Santa Tolerância (às diferenças), da Boa Separação (de casais, quando inevitável), Protetora dos Direitos das Mulheres... Enquanto não surgem títulos marianos mais conectados com questões da vida moderna, a santa Desatadora dos Nós (que atravancam a vida) fica com o troféu de rainha pop das Nossas Senhoras.

Um título de Maria de ordem pragmática, atual, cuja imagem, sem perder as feições sempre amorosas da mãe de Jesus, comunica sua vocação de forma objetiva, direta e animadora. Maria é representada como a Imaculada Conceição ladeada por dois anjos. De um deles ela recebe uma fita com nós de diferentes tamanhos, os quais se desfazem quando passam pelas suas mãos, e a fita então cai livremente do outro lado, na direção do segundo anjo. Ou seja, não existe nó cego para a santa Desatadora. Ela salva seus fiéis de qualquer enrosco.

A invocação nasceu na Alemanha, na cidade de Augsburgo, no século XVIII. Mas é contemporânea, considerando que só foi amplamente conhecida a partir dos anos 1990, graças à ação de Francisco, o papa pop. Esse seu

ORIGENS DA DEVOÇÃO

Capela de St. Peter Am Perlach, Ausburg, Alemanha.

Pintura instalada na capela alemã de St. Peter am Perlach, em Augsburgo, e que deu origem à devoção.

SÍMBOLOS DO QUADRO DA DESATADORA

A imagem, além de instigante – as mãos de Maria não estão em prece nem seguram o filho, mas uma fita com muitos nós que se desfazem ao passar por elas –, é rica em símbolos. Os religiosos da igreja alemã onde se encontra a obra original associam a pintura à frase de Santo Irineu: o nó da desobediência de Eva desfeito pela obediência de Maria. Da área superior da tela, emana uma luz intensa, que ilumina Nossa Senhora e onde paira uma pomba – símbolo do Espírito Santo, da paz. Embaixo, cenas sombrias. Com os pés, ela esmaga uma serpente, representação do mal. Mais abaixo, onde a tela é mais escura, há quatro pequenas figuras: um anjo, um homem, um cachorro e uma igreja. Supõe-se ser uma alusão ao Livro de Tobias, do Antigo Testamento.

carinhoso apelido estampa a capa da revista *Rolling Stone* italiana na data de comemoração dos quatro anos do seu pontificado, março de 2017. Traz a foto do Santo Padre fazendo sinal de "joinha" com o polegar para cima. E por que esse papa é pop? "Simples, porque o papa diz coisas com um senso comum, tão comum que sua solidão começa a ser palpável", divulgou a revista, assinalando: o papa está "de acordo com nossos tempos".

Francisco foi o responsável pela propagação do culto à Desatadora dos Nós, especialmente na Argentina, onde é venerada. O Santuário em Buenos Aires até consta de programa turístico da prefeitura portenha, o chamado "roteiro papal", com os locais ligados à vida pessoal e religiosa do ex-arcebispo Jorge Mario Bergoglio. Há quem afirme ser essa a sua mais querida devoção mariana. Volta e meia um quadro da Desatadora dos Nós aparece em fotos na mídia pendurado na parede de uma sala de recepção na Casa de Santa Marta, no Vaticano. Lá, o papa recebe convidados ilustres ou anônimos e, por vezes, representantes de alguns "nós" na vida do santo homem, caso da então presidente argentina Cristina Kirchner e históricas divergências no passado.

Várias fontes, inclusive consideradas de credibilidade, afirmam que Francisco trouxe a devoção para a América do Sul depois de uma viagem à Alemanha, onde teria ficado fascinado com a figura da santa. O papa revela que nunca foi a Augsburgo e discorre sobre a devoção em entrevista ao jornal alemão *Die Zeit*, de 9 de março de 2017, cujo trecho foi reproduzido no site da *Rádio Vaticano*:

> "Verdade é que uma religiosa que eu conhecia me enviou um cartão de Natal com a imagem de Nossa Senhora Desatadora dos Nós. Eu vi e me interessei. O quadro retoma uma frase de Irineu de Lyon. O doador da obra enfrentava dificuldades com a esposa. Eles se queriam bem, mas alguma coisa não funcionava. Ele procurava o conselho de um sacerdote jesuíta. Esse padre pegou uma fita longa e branca que foi usada para a cerimônia do matrimônio e pediu a Nossa Senhora, porque tinha lido a frase de Irineu de que o nó de Eva foi desatado pela obediência de Maria. Então, pediu a Nossa Senhora para desatar esses nós."

"A devoção é hoje uma das mais populares da Argentina. Todo 8 de dezembro, dia consagrado à Imaculada Conceição, os peregrinos homenageiam na igreja portenha *La Virgen que Desata los Nudos*, seu título em espanhol."

O referido quadro, continua Francisco na entrevista, "foi pintado como ação de graças, porque, no fim, Nossa Senhora concedeu a graça ao casal". A pintura sobre madeira é atribuída ao artista alemão Johann Melchior Georg Schmidtner e, desde 1700, aproximadamente, se encontra na capela alemã de St. Peter am Perlach, em Augsburgo. A obra, porém, tinha pouca importância artística e religiosa até o padre Bergoglio iniciar com grande empenho e dedicação o trabalho de divulgação da imagem, descoberta por ele em 1986, 23 anos antes de ser eleito papa.

No livro *Desatadora – A Virgem que o papa Francisco converteu em fenômeno de fé*, o jornalista Eduardo Mattos conta que Bergoglio ficou maravilhado com o profundo significado teológico da obra. Durante 22 meses, entre julho de 1990 e maio de 1992, o sacerdote teria sempre "à mão, em seu confessionário ou no bolso da batina, um cartão de Maria desatando nós". Suas correspondências, escritas à mão, seguiam acompanhadas dos santinhos, e a Virgem Desatadora era lembrada nas três horas diárias de oração do futuro papa, escreve o jornalista.

De doenças físicas a problemas financeiros ou familiares, especialmente conjugais (ela também é protetora dos casamentos), os fiéis viam os nós do dia a dia serem desatados, e a poderosa divulgação boca a boca levou à necessidade de criar um espaço para os devotos fazerem seus pedidos e orações. Bergoglio encomendou uma réplica da imagem alemã, a qual foi instalada em 1996 na Paróquia San José del Talar, onde se encontra o santuário.

A devoção é hoje uma das mais populares da Argentina. Todo 8 de dezembro, dia consagrado à Imaculada Conceição, os peregrinos homenageiam na igreja portenha *La Virgen que Desata los Nudos*, seu título em espanhol. A data oficial, porém, é 15 de agosto.

A origem dessa Maria, nascida germânica, foge do padrão da maioria dos demais títulos. A devoção surgiu a partir de uma pintura e vale aqui um crédito ao iluminado artista, que se inspirou na frase de Irineu (ou teria sido ideia do padre alemão, como também há quem afirme?), resultando na metáfora dos nós para perrengues do cotidiano. O restante foi obra da fé do povo nessa devoção, cujo nome se liga a outro tipo de nó, no caso, na língua de quem não fala alemão e tem que pronunciar *Knotenlöserin*. A tradução literal: *Knot*, o mesmo que nó, e *Löserin*, desatadora.

No Brasil, a devoção começou no Rio e em São Paulo: na carioquíssima Búzios, revelada ao mundo nos anos 1960 pela beldade francesa Brigitte Bardot, e na paulista, menos glamorosa e superpovoada (14º município mais populoso do país) Campinas. As duas cidades são as primeiras do país a dedicarem um espaço à santa. Em ambas, a iniciativa partiu de devotos leigos.

Um terço no céu da Guanabara

Em maio de 1997, num evento da Arquidiocese do Rio de Janeiro dedicado a Nossa Senhora, a carioca e *socialite* Isis Penido mandou para os céus, com a ajuda de balões de gás, um terço de vinte metros de comprimento feito com bolas coloridas de isopor. A ideia, segundo conta em texto na internet era "construir uma capela onde o terço caísse" em agradecimento à Imaculada por uma graça recebida. O terço "voador" terminou a viagem numa praia chamada Mauá, no município carioca de Magé, onde ela tentou mas não conseguiu comprar um terreno. Ao precisar novamente do socorro de Maria para sanar "um problema muito delicado, grave", conforme depoimento a

Eduardo Mattos, apelou para a Desatadora, resolveu o imbróglio e passou a disseminar a invocação.

Em 2001, construiu uma capela na área lateral da Igreja Santa Rita de Cássia, em Búzios. "Fiquei atônita... Senti que aquele era o lugar que ela (Nossa Senhora Desatadora dos Nós) queria", afirma a devota.

A igreja do francês

O maior centro dedicado à Desatadora fica em Campinas, interior de São Paulo. A festa anual, no fim de semana mais próximo ao dia 8 de dezembro, recebe milhares de peregrinos de todo o país vindos de ônibus, carros, em grupos organizados de caravanas ou até a pé, como a romaria de Monte Mor que encarou 31 quilômetros na festa de 2016. Além das missas, o evento inclui sorteio de brindes, música ao vivo, comes e bebes, procissões e chuva de pétalas de rosa lançadas de um helicóptero. O responsável por configurar essa paisagem cultural religiosa em Campinas é um ex-piloto de avião francês, Denis Bourgerie, casado com a médica Suzel Frem Bourgerie, ambos fundadores do chamado Santuário Nossa Senhora Desatadora dos Nós.

> “No Brasil, a devoção começou no Rio e em São Paulo: na carioquíssima Búzios, revelada ao mundo nos anos 1960 pela beldade francesa Brigitte Bardot, e na paulista, menos glamorosa e superpovoada (14º município mais populoso do país) Campinas.”

O título de santuário, dado pelo proprietário, não tem o reconhecimento oficial da Igreja, que o denomina oratório com autorização para celebrar a Eucaristia, segundo a Arquidiocese de Campinas.

A fita é a vida e seus nós

Quando descobriu a devoção da Desatadora, Bourgerie morava no Brasil e já havia construído uma capela em Campinas dedicada a Nossa Senhora Porta do Céu – sim, esse também é um título de Maria e uma das invocações da Ladainha de Nossa Senhora. Como diz o nome, o culto está relacionado com a entrada dos fiéis no paraíso, segundo a crença de que "ninguém chega ao Pai a não ser por Jesus; e ninguém chega ao Filho a não ser por Maria". A santa é invocada não só para garantir um lugar no céu, mas também para negócios imobiliários, compra ou aluguel de casa, como afirma Nilza Botelho Megale em seu *Invocações da Virgem Maria no Brasil*.

Pois o ex-aviador, que tantos céus cruzou e construiu a capela de Maria Porta do Céu, logo estaria às voltas com a aquisição de um imóvel. A igreja ficou pequena para o crescente número de fiéis, a ponto de a comunhão ser dada na rua por falta de espaço no interior. Mas também faltava verba para ampliar o lugar, e esse era um nó no caminho de Bourgerie bem na época em que ele se deparou, pela primeira vez, com a santa Desatadora no Santuário em Buenos Aires.

"A cena que vivi naquele momento me paralisou. Eu estava em pé diante dela, imóvel, fitando a mais bela e formosa de todas as mulheres. Não tinha nada a dizer, porque estava fascinado por ela, pela fita que ela tinha nas mãos e a mensagem ali revelada. O que significaria aquela fita? Pedi explicações a uma pessoa ao meu lado, que me respondeu: 'A fita é a sua vida, que tem nós, e a Virgem Mãe está mostrando que pode desatá-los!'", conta Bourgerie no site do Santuário. Após esse encontro com a imagem da Desatadora, voltou ao Brasil e, segundo diz: "Minha vida nunca mais foi a mesma".

De boate a Santuário

Em frente à Porta do Céu ficava a porta do "inferno", uma boate imensa, cuja balada deixava vestígios no dia seguinte espalhados no jardim da capela: garrafas de bebida, seringas e preservativos, que eram recolhidos pelo francês antes do horário da missa. O vizinho, portanto, era um nó do tipo górdio.

Passados alguns meses da viagem à Argentina, o ex-aviador foi procurado por uma frequentadora da capela, questionando-o sobre seu interesse em comprar o "pecado" que morava em frente. A mulher era casada com o dono da boate. Mas o preço era alto demais para o devoto. Outros interessados até tentaram fazer negócio, mas sem sucesso. Passados mais alguns meses, o francês retomou a negociação e, no dia 8 de março, comprou a boate – sem dinheiro, em muitas prestações e, mais ainda, com fé na ajuda de Maria.

Adentrar naquele templo consagrado ao prazer, com arquitetura de inspiração greco-romana, foi uma experiência perturbadora para o francês: "Absolutamente impossível não me lembrar das gaiolas de ferro suspensas, onde mulheres dançavam a noite toda. O primeiro trabalho foi descer as gaiolas e destruí-las... No primeiro andar, destruímos os camarotes de vidro preto, que

SANTA IMAGEM

Alberto Pizzoli/Pool/Reuters/Fotoarena

PAPA RECEBE CONVIDADOS EM CASA JUNTO DA SUA DEVOÇÃO MAIS QUERIDA

É com ela por perto que o papa Francisco recebe as mais variadas personalidades mundiais – da ex-presidente e atual vice-presidente da Argentina, Christina Kirchner (ao lado), passando pelo craque Diego Maradona até o ex-presidente brasileiro Luiz Inácio Lula da Silva.

O quadro, que deu origem à devoção difundida pelo papa para todo o mundo, fica na parede da sala de recepções da Casa Santa Marta, espécie de hospedaria dentro do Vaticano, onde são recebidos cardeais e bispos visitantes e o local de moradia escolhido pelo pontífice. O papa foi eleito em março de 2013, nove meses depois chegava o quadro ao Vaticano, em dezembro, mês do seu aniversário e também da festa da santa em Buenos Aires, no dia 8, quando multidões vão homenageá-la no seu santuário da capital argentina. O quadro foi encomenda dele para a amiga Ana Betta de Berti. É a quinta réplica da artista argentina e a situada no mais notável dos espaços.

escondiam as pessoas que antes alimentavam a privacidade de seus vícios. Desmanchamos um balcão gigantesco, que era o bar", conta.

A transformação do templo dedicado ao pecado em templo dedicado à mãe de Deus lembra o significado dos nós desfeitos por Maria na fita, cuja inspiração foi a frase de Irineu de Lyon, como disse o papa na entrevista ao impresso alemão.

No texto intitulado *Contra as heresias*, o santo, que foi bispo de Lyon e teólogo do século II, escreveu: "O nó da desobediência de Eva foi desatado pela obediência de Maria; e aquilo que a virgem Eva atou, com a sua incredulidade, desatou-o a Virgem Maria com a sua fé". O nó criado por Eva foi desconsiderar a regra do paraíso e provar o fruto proibido; enquanto Maria, cheia de fé, aceitou, sem pestanejar, o desígnio de Deus em conceber Jesus. Para a Igreja, Eva errou feio e a Virgem Maria veio e zerou o débito.

O estilo de Maria encontra sintonia hoje em um modo de ser harmonioso, daquele que pratica a hospitalidade, a delicadeza, a paciência. Lembra, principalmente, que levar a vida com suavidade ajuda na tarefa de desfazer os nós do dia a dia.

"ORAÇÃO A NOSSA SENHORA DESATADORA DOS NÓS"

Santa Maria Mãe de Deus, Virgem cheia de graça, vós sois a nossa desatadora dos nós.
Com as vossas mãos cheias do amor de Deus, vós desatais os obstáculos de nosso caminho, como nós que se desfazem e se tornam uma fita reta do amor do Pai.
Desatai, Virgem e Mãe, Santa e admirável, todos os nós que criamos por vontade própria, e todos os nós que impedem o nosso caminho.
Lançai vossos olhos de luz sobre eles, para que todos os nós se desatem e para que, cheios de gratidão, possamos, por vossas mãos, solucionar aquilo que nos parece impossível.
Amém

Fonte: Canção Nova
https://formacao.cancaonova.com/espiritualidade/oracao/oracao-a-nossa-senhora-desatadora-de-nos/

8

NOSSA SENHORA DE GUADALUPE

8

NOSSA SENHORA DE GUADALUPE

O PODER DE RECONCILIAR O IRRECONCILIÁVEL

Símbolo da luta por liberdade, Guadalupe influenciou o México política, social e culturalmente. O santuário da padroeira é o segundo mais visitado do mundo.

Tudo impressiona em Nossa Senhora de Guadalupe, não há um aspecto na história dessa invocação de Maria que não seja próximo ao fantástico, magnificente, espantoso. A começar – e neste caso o espanto não é nem um pouco pelo belo – por um cabuloso contexto histórico de violência e crueldade em que ela surgiu, passando pela profusão de símbolos contidos na sua imagem e os mistérios que há séculos intrigam a ciência, até o seu impacto fabuloso na construção da identidade e da consciência da nação mexicana. Isso sem considerar os milagres da santa, cujo santuário é o mais visitado do mundo depois da Basílica de São Pedro, no Vaticano. Ao menos 15 milhões de peregrinos por ano rendem tributo à imagem mais querida, amada e popular da história do país.

Terror no México

Entre ser um guarani kaiowá no Brasil do século XVI e encarnar um guerreiro asteca no México, a primeira opção provavelmente era menos penosa. Os colonizadores espanhóis, liderados pelo temido capitão Hernán Cortés,

SABIA DESSA?

Palácio Pedro Ernesto - Câmara Municipal do Rio de Janeiro

ÍNDIO ASTECA FOI CANONIZADO

São Juan Diego é o primeiro santo indígena da América Latina. Foi por intermédio dele que surgiu a poderosa devoção de Guadalupe, após o evento milagroso da imagem de Nossa Senhora impressa na sua *tilma*. Juan Diego Cuauhtitlán (que significa águia que fala ou aquele que fala como águia) nasceu em torno de 1474 e morreu em 1548, aos 74 anos, de morte natural. Em 2002, foi canonizado por São João Paulo II, numa cerimônia contemplada com rituais cristãos e indígenas, na Basílica de Guadalupe, na cidade do México. Documentos do século XVI trazem registros da vida e da reputação de santidade do índio, por meio de depoimentos de vizinhos idosos (alguns com mais de cem anos), que testemunham a sua vida exemplar. Chamado embaixador-mensageiro de Santa Maria de Guadalupe, Juan Diego se instalou ao lado da igreja e se dedicou completamente aos serviços do templo, construído a pedido da santa aos pés da colina de Tepeyac e onde se encontra a imagem sagrada, venerada por milhões de fiéis todos os anos.

o marquês do Vale de Oaxaca, protagonizaram um dos processos mais violentos de dominação da história mundial. Aniquilaram a notável civilização asteca e dizimaram milhões de nativos. Na então capital do império asteca – Tenochtitlán, onde hoje é a Cidade do México –, foram destruídos os canais navegáveis, os templos sagrados, zoológicos, escolas, mercado. O pacote de opressão durante os anos de subjugação incluía violência sexual contra mulheres indígenas e escravização de índios.

Em meio a esse cenário avassalador, os missionários pregavam o evangelho aos nativos, cujas crenças religiosas incluíam tenebrosos sacrifícios humanos aos seus deuses (tão importantes para os nativos como é Deus para os católicos). Ou seja, nada foi fácil ali.

Passados dez anos da conquista do México, quando os indígenas ainda choravam suas perdas, Nossa Senhora faz aparições a um índio humilde, ingênuo e pobre, da mais baixa casta do império asteca, chamado Juan Diego.

Os encontros, segundo a tradição, ocorreram entre 9 e 12 de dezembro de 1531, no alto da colina de nome Tepeyac. Segue uma síntese, a partir de informações divulgadas pelo Santuário no México, que inclui a narrativa mais importante das aparições, conhecida como *Nican Mopohua*, que em náuatle (língua falada pelos astecas e ainda hoje por algumas comunidades) quer dizer: "Aqui se conta".

Primeira aparição: madrugada do sábado 9 de dezembro

Juan Diego estava a caminho da cidade de Tlatelolco para assistir à missa quando ouve o canto de pássaros no alto do Tepeyac e um chamado: "Meu Juanito, meu Juan Dieguito". Ele sobe o monte e se depara com a imagem de Nossa Senhora, que o convida a chegar juntinho dela. Ele se inclina diante da santa e, afetuosamente, ela comunica seu pedido: que ele vá até o bispo, frei Juan de Zumárraga, e diga quão grande e ardente é o seu desejo de ver construído um templo naquele local. "Porque ali eu estarei sempre disposta a ouvir seus prantos, sua tristeza para purificar, para curar todas as suas diferentes misérias, penas e dores", disse *a Virgencita*. De lá, Juan Diego partiu direto para o palácio do bispo. Depois de longa espera, foi chamado para ser recebido pelo bispo. O índio contou tudo o que viu no monte e transmitiu a mensagem de Maria. Frei Juan então respondeu algo como: "Meu filho, volte outro dia, com calma eu te escutarei, pensarei no que te fez vir até aqui, tua vontade, teu desejo".

> "Em meio a esse cenário avassalador, os missionários pregavam o evangelho aos nativos, cujas crenças religiosas incluíam tenebrosos sacrifícios humanos aos seus deuses (tão importantes para os nativos como é Deus para os católicos). Ou seja, nada foi fácil ali."

Segunda aparição: final da tarde do mesmo dia, sábado 9 de dezembro

Juan Diego volta ao monte Tepeyac, onde a santa o aguarda no mesmo lugar. Ele conta sobre o nada frutífero encontro e pede que Maria escolha outra pessoa para a missão, alguém importante, respeitado, em quem o bispo vá confiar na palavra, e não um pobre como ele. Mas Maria responde ser indispensável que a intervenção seja feita por ele e ordena que Juan volte a procurar o bispo na manhã seguinte e deixe muito claro o seu desejo da construção de um templo naquele lugar.

Terceira aparição: por volta de três horas da tarde do domingo 10 de dezembro

Novamente no cume do monte, o índio relata à Nossa Senhora o segundo encontro com o bispo, que permanece descrente e diz ser indispensável uma prova de que a interlocutora é mesmo Nossa Senhora. Ela então o orienta a retornar ao monte na manhã seguinte para receber a prova e levá-la ao sacerdote. Mas o índio não volta, fica em casa porque o tio com quem morava, Juan Bernardino, está gravemente doente.

Quarta aparição: madrugada de terça-feira 12 de dezembro

Bem cedinho, Juan Diego parte rumo à cidade em busca de um padre para atender o tio, que está morrendo. Para evitar um encontro com Nossa Senhora, ele dá a volta no monte, mas ela aparece no caminho e, docemente, o tranquiliza. Garante que o seu tio já está curado e pede que ele vá até o alto da colina e colha diferentes flores para serem entregues como prova ao bispo. Não era estação de flores, mas Diego encontra grande variedade de espécies frescas e perfumadas. As dispõe dentro da sua *tilma* (espécie de poncho ou manto) e se dirige à casa do religioso.

Ao mesmo tempo que se encontra com Juan Diego no monte, Nossa Senhora aparece na casa de Juan Bernardino, o tio do jovem vidente. Promove a cura do homem e pede que, daquele momento em diante, sua imagem fosse conhecida e chamada como a Sempre Virgem Santa Maria de Guadalupe.

Palácio Pedro Ernesto - Câmara Municipal do Rio de Janeiro

Em versão guerreira, Guadalupe estampa estandarte zapatista durante a Revolução Mexicana

A estampa no manto de Juan Diego: terça-feira 12 de dezembro

Na casa do bispo, Juan abre o seu simplório manto e as flores se esparramam, enquanto surge, milagrosamente, a imagem de Nossa Senhora de Guadalupe estampada na sua *tilma*. A peça sagrada encontra-se até hoje exposta na Basílica dedicada à santa, onde é venerada.

A então ermida foi construída na base do monte Tepeyac. A localização na época pareceu mais adequada por ser de acesso fácil e ficar protegida dos ventos fortes que constantemente sopravam no alto, onde se deram as primeiras aparições de Nossa Senhora. Lá também, em cima do Tepeyac, antes da chegada dos espanhóis, os indígenas veneravam outra mãe sagrada, a mãe dos deuses, Tonantzin, que quer dizer "Nossa mãe".

Esse é apenas um elemento entre muitos – como ter a pele morena, aparecer para um índio e falar na língua dele, e não para um branco espanhol – que contribuíram para a identificação e profunda ligação dos mexicanos com a santa de Tepeyac. Além de religioso, o chamado fenômeno guadalupano também desempenhou papel político, social e cultural no país.

O Nobel de Literatura Octavio Paz (1914-1998), poeta, escritor e ensaísta mexicano, retrata com primor o sentido da aparição de Maria em prefácio (em livre tradução abaixo) para o livro de Jacques Lafaye, que analisa o sincretismo do culto da Nossa Senhora identificada com a deusa asteca Tonantzin:

> "Foi uma verdadeira aparição, no sentido luminoso da palavra: uma constelação de signos vindos de todos os céus e todas as mitologias, do 'Apocalipse' aos códigos pré-colombianos e do catolicismo mediterrâneo ao mundo ibérico pré-cristão. Nessa constelação, todos os mexicanos de cada época leram o seu destino, do camponês ao guerrilheiro Zapata, do poeta barroco ao moderno que exalta a Virgem com uma espécie de enamoramento sacrílego, do erudito do século XVII ao revolucionário Hidalgo. A Virgem foi estandarte dos índios e mestiços que combateram, em 1810 contra os espanhóis e voltou a ser bandeira dos exércitos de camponeses de Zapata um século depois. Seu culto é íntimo e público, regional e nacional. A festa de Guadalupe, em 12 de dezembro, é todavia a Festa por excelência, a data principal no calendário emocional do povo mexicano".
>
> (Trecho de "Orfandad y Legimitidad", prefácio de Octavio Paz para o livro *Quetzalcóatl y Guadalupe, La Formación de la Conciencia nacional en México*, de Jacques Lafaye)

Como expôs brilhantemente o poeta, o milagroso ícone foi usado ao longo da história como símbolo de luta por liberdade. O padre Miguel Hidalgo y Costilla foi quem liderou o primeiro episódio do movimento contra o domínio espanhol. Empunhava a imagem da santa no estandarte e exaltava seu nome no grito de guerra: "Viva a independência, viva a Virgem de Guadalupe. Morte ao mau governo".

O símbolo amado da *Morenita* inspirava confiança e levantava fácil os ânimos da tropa. Frei Clodovis Boff cita no livro *Mariologia social* o episódio em que o padre Mariano Matamoros viu os espanhóis usarem um pano com a imagem da santa feito trapo de limpeza. Tomado de indignação, o sacerdote liberal reuniu a tropa e bravamente arremeteu contra o batalhão profano, triunfando.

Maria era de tal maneira associada aos revolucionários, que os espanhóis suspeitavam de todas as pessoas que faziam reverências ao altar de Guadalupe, conta Boff. Certa vez, chegaram ao extremo de fuzilar uma imagem da santa.

Já no século XX, Guadalupe aparece estampada em sombreiros e estandarte das forças camponesas, lideradas por Emiliano Zapata durante a Revolução Mexicana, iniciada em 1910.

> "Esse é apenas um elemento entre muitos – como ter a pele morena, aparecer para um índio e falar na língua dele, e não para um branco espanhol – que contribuíram para a identificação e profunda ligação dos mexicanos com a santa de Tepeyac."

Conversões em profusão

Após as aparições da *Morenita* ao índio Juan Diego, a evangelização foi avassaladora: fala-se numa média de 8 milhões de nativos convertidos nos dez anos seguintes.

Entre os milagres mais famosos, estão catástrofes que assolaram o país e cujo fim, segundo a tradição, se deu após o manto sagrado ser levado do santuário para a capital. Duas dessas calamidades foram a inundação da cidade em 1629 e a peste de 1737, quando milhares morreram.

Nossa Senhora de Guadalupe manteve-se cada vez mais presente na vida cotidiana e no coração dos mexicanos. Como disse certa vez o escritor e diplomata mexicano Carlos Fuentes (1928-2012): "...uma pessoa pode decidir um dia não ser mais cristã, mas não pode ser mexicano se não crê na Virgem de Guadalupe".

A padroeira do México, título declarado por Bento XIV, em 1754, passou à patrona do continente inteiro. Em 1999, João Paulo II confirmou a Virgem de Guadalupe como "Padroeira de toda a América" e o 12 de dezembro como o seu dia.

Mistérios que intrigam

A imagem de Maria impressa no *ayate*, tecido rústico de fibra de cactos com o qual os índios faziam suas *tilmas*, resiste bravamente há 486 anos sem sinais de deterioração. O fenômeno é um desafio para a ciência. Pelo menos três eventos ameaçadores nada causaram ao manto. Nos primeiros 116 anos, a *tilma* ficou exposta sem qualquer proteção ao toque dos devotos e sujeita a umidade e fumaça de velas e incenso. Sobreviveu a tudo isso e ainda mais!

Em 1785, um funcionário limpava a moldura do quadro da *tilma* e, acidentalmente, deixou cair sobre a peça um líquido contendo ácido nítrico. Segundo especialistas, como Adolfo Orozco, pesquisador do Instituto de Geofísica da Universidade Nacional Autonômica do México e também autoridade no manto, está fora da compreensão natural o produto não ter destruído o tecido nem danificado as áreas coloridas da imagem.

Em 1921, a peça sagrada foi vítima de um atentado. Um homem colocou flores no altar da antiga basílica e escondeu dentro do buquê uma bomba de dinamites, que explodiu próximo ao quadro da santa. Destruiu boa parte do entorno, altar, vasos, castiçais e entortou e jogou longe um crucifixo de bronze. Vitrais da Basílica e até vidraças de casas vizinhas foram danificados. À imagem venerada, nada aconteceu, nem o vidro que cobria o manto quebrou ou sequer trincou.

Sobre a matéria-prima usada na pintura, o Nobel de Química Richard Kuhn realizou, em 1936, uma análise e, para surpresa geral, o cientista alemão constatou que as tintas não contêm pigmentos de origem vegetal, mineral nem animal. O retrato foi enquadrado na categoria *achiropita*, palavra que vem do grego bizantino e significa "não feito pela mão humana".

Cientistas da NASA, um deles o professor Phillip Serna Callahan, concluíram, após mais de dois anos de análises (de 1979 a 1981), que alguns detalhes existentes no manto foram acrescidos ao longo do tempo. Mas outros especialistas entendem que tais imagens são originais e apenas foram repintadas.

O enigma dos olhos

No ano de 1929, o fotógrafo oficial da Basílica de Guadalupe, Alfonso Marcué, ao ampliar uma foto do rosto de Maria, viu uma figura humana nos olhos: um homem de barba. Informou a autoridades eclesiásticas, que exigiram o silêncio dele a respeito do assunto.

Símbolos da imagem de Nossa Senhora de Guadalupe

Rosto moreno – a pele morena de Nossa Senhora não representa nem o índio nem o espanhol, mas o mestiço, um novo povo.

Broche – no pescoço, há um pequeno broche com uma cruz negra sobre uma pedra de jade. A cruz negra identifica a santa com os missionários espanhóis. O jade, na cultura asteca, é a pedra destinada aos deuses.

Lua – o astro está sob os pés da Virgem de Guadalupe. Além de evocar a imagem da "mulher vestida de sol com a lua sob seus pés", descrita no "Apocalipse", evoca as raízes da palavra México, o mesmo que no centro da lua, em náuatle (língua dos astecas).

Nueva Basílica de Nuestra Señora de Guadalupe

Cabelos soltos – símbolo asteca da virgindade; as indígenas casadas usavam cabelos presos em tranças.

Cinto negro – preso acima do ventre, o cinto negro é símbolo asteca da maternidade, indicando que Maria está grávida. Seu caimento em forma de trapézio nos dois extremos representa na cultura náuatle o fim de um ciclo e o nascimento de uma nova era.

Manto azul-esverdeado – indica o *status* de nobreza, pois leva a cor usada por membros da nobreza asteca.

Estrelas – as 46 estrelas impressas no manto representam o mesmo agrupamento de constelações do dia da aparição da santa, em 12 de dezembro de 1531.

Mais tarde, vários outros especialistas se dedicaram ao exame dos olhos. O engenheiro de computadores José Aste Tonsmann foi um deles. Passado meio século do achado do fotógrafo da Basílica, Tonsmann realizou uma mega-ampliação por meio de processo de digitalização e, como conta em vídeo, identificou treze figuras humanas em ambas as córneas da imagem, cujo diâmetro de apenas cerca de oito milímetros inviabiliza a possibilidade de terem sido pintadas por alguém. É quase como se os olhos da santa tivessem fotografado as pessoas para as quais olhava.

LUGAR DE DEVOÇÃO

Arquimedes Santos

O MÉXICO EM OLINDA

O Brasil possui poucas igrejas dedicadas à santa mexicana. Em compensação, a mais antiga é um tesouro histórico da cidade de Olinda (PE). Foi construída em 1626 e inaugurada em 1629, quando vigorava a chamada União Ibérica – unificação das coroas de Portugal e Espanha devido à morte do rei português dom Sebastião, que não tinha sucessores. Isso pode explicar a presença no Brasil da padroeira do México, país na época controlado pelos espanhóis.

A igreja fica no Sítio Histórico de Olinda, no bairro também chamado Guadalupe, e foi erguida pelos homens pardos libertos ou escravos, que eram proibidos de assistir missa nas igrejas dos brancos. Longe de se assemelhar às ricas construções religiosas da cidade, a igreja é mimosa. De fachada simples – cinco janelas com varandas e apenas uma torre – e interior idem, dispõe no altar principal de uma tela da Santa de Guadalupe vinda do México, com moldura de madeira trabalhada.

Já no estado de São Paulo, na cidade de Campinas, um templo moderno, de 1993, homenageia a santa: o Santuário Nossa Senhora de Guadalupe, construído por desejo de dom Agnelo Rossi em agradecimento à santa no restabelecimento da sua saúde. O cardeal foi o brasileiro que mais acumulou poder no Vaticano, ocupando o terceiro cargo em importância na hierarquia na Igreja e mais outros nove cargos. Em Roma, foi presenteado com um quadro de Guadalupe e uma pedra da colina de Tepeyac, que foi enterrada no Santuário. Dom Agnelo morreu vítima de câncer em 1995 e está sepultado no templo.

A imagem nos olhos repete a cena em que o índio mostra o manto ao bispo e às pessoas que lá se encontravam, como o próprio Juan Diego, o bispo e o tradutor dele. Aparece ainda uma família, pais e crianças, mas a identificação parece ainda ser uma incógnita. O mais interessante, segundo relato do cientista e também registrado pela professora de teologia Jeanette Rodriguez em seu livro *Our Lady of Guadalupe: Faith and Empowerment Among Mexican-American Women* [Nossa Senhora de Guadalupe: fé e empoderamento entre mulheres mexico-americanas], é a descoberta da forma de uma mulher negra nos olhos de Maria. Esse perfil humano não era nada comum no México de 1531. O padre Maurillo Montemayor, do Centro de Estudos Guadalupanos, confirmou a existência de dois escravos negros entre os funcionários da casa do bispo (um casal, segundo conta Tonsmann).

Muito além do que escondem os olhos da imagem, a inspiração do fenômeno Guadalupe está bem à vista: conciliar o inconciliável, como bem diz frei Clodovis.

A amorosa *Morenita* conquista ao reconhecer a alteridade do outro, em vez de rejeitar, como faziam os espanhóis com os astecas – e os intolerantes de todos os tempos. A história da devoção mostra que a fusão, a amálgama, a mistura, em vez de ser razão de conflito, só enriquece.

"ORAÇÃO A NOSSA SENHORA DE GUADALUPE"

Perfeita, sempre Virgem Santa Maria, Mãe do verdadeiro Deus, por quem se vive. Mãe das Américas! Tu que na verdade és nossa mãe compassiva, te buscamos e clamamos a ti. Escuta com piedade nosso pranto, nossas tristezas. Cura nossas penas, nossas misérias e dores. Tu que és nossa doce e amorosa Mãe, acolhe-nos no aconchego de teu manto, no carinho de teus braços. Que nada nos aflija nem perturbe nosso coração. Mostra-nos e manifesta-nos a teu amado filho, para que Nele e com Ele encontremos nossa salvação e a salvação do mundo. Santíssima Virgem Maria de Guadalupe, faz-nos mensageiros teus, mensageiros da vontade e da palavra de Deus. Amém

Fonte: Arquidiocese de Olinda e Recife
http://www.arquidioceseolindarecife.org/2016/12/arquidiocese-celebra-a-virgem-de-guadalupe/

9

NOSSA SENHORA DA LUZ

9

NOSSA SENHORA DA LUZ

ILUMINA CAMINHOS OBSCUROS E IDEIAS CONFUSAS

A devoção nasceu após Maria dar à luz o filho, Cristo, e apresentá-lo no Templo de Jerusalém. No Brasil, começou em São Paulo, dando nome ao famoso bairro da Luz.

Um dos títulos mais poéticos de Maria talvez seja o de Nossa Senhora da Luz. A começar pelos seus vários nomes: Nossa Senhora da Purificação, das Candeias ou da Candelária. "A linda palavra Candelária, feita de fogo e luz, já que remonta ao latim *candela*, que designa vela", como proferiu o crítico literário Davi Arrigucci Jr. em um discurso na Universidade de São Paulo.

A luz fala de clareza, discernimento, criatividade. Maria, portanto, é chamada para iluminar os caminhos, clarear situações obscuras, de comunicação desencontrada, ideias confusas.

Como os demais títulos de Maria, Nossa Senhora da Luz tem conexão com os eventos que formam a vida. Desde seu início, inclusive, na hora em que a mãe dá à luz.

Essa devoção nasceu nos primórdios do cristianismo, quando ocorreu um acontecimento de tal influência que dividiu a história em antes e depois dele – a.C. e d.C., antes e depois de Cristo.

Na época em que Jesus nasceu, a Lei de Moisés determinava que mães de bebês do sexo masculino ficassem longe do templo nos primeiros quarenta

SABIA DESSA?

Coleção Particular

Santinho da padroeira em ambiente petrolífero: no alto da colina, o Santuário de Candeias, no canto inferior esquerdo, uma torre de petróleo.

PADROEIRA DA PETROBRAS DESDE O INÍCIO

A relação da santa com a estatal vem desde o surgimento do Ouro Negro no Brasil. O primeiro campo comercial de petróleo foi descoberto em 1941 na cidade de Candeias, Bahia, onde há um santuário, do século XVIII, e centro de peregrinação, como consta de um boletim do Sindicato dos Petroleiros. Nos primórdios, a empresa tinha uma capela, onde o respectivo capelão, a pedido dos trabalhadores, celebrou uma missa consagrando a Petrobras à santa. Quando passavam em frente à igreja da cidade, funcionários chegavam a tirar o capacete em reverência à padroeira antes de fazer o sinal da cruz. Candeias era um lugar sagrado para os petroleiros, como conta o paranaense Lauro Padilha, a partir de pesquisa feita para sua empresa de consultoria.

dias após o parto, pois eram consideradas impuras. Depois, deviam se apresentar com o filho no Templo de Jerusalém e se purificar. Foi o que fez Maria com Jesus no colo e José ao lado.

Simeão, um crente devoto e idoso que teria recebido de Deus a promessa de não morrer sem ter visto o Salvador do mundo, recebeu a família e de imediato saudou Jesus como a luz que iluminaria os povos. “Agora, Senhor, deixai partir o vosso servo em paz, conforme vossa palavra. Pois meus olhos viram a vossa salvação que preparastes diante dos olhos das nações: luz para aclarar os gentios, e glória de Israel, vosso povo!”, disse Simeão, segundo conta o evangelho de Lucas (2,25-35). Em seguida, o ancião fez uma profecia tenebrosa para Maria: “...uma espada traspassará a tua própria alma, para que se manifestem os pensamentos de muitos corações” – a espada está na representação de Nossa Senhora das Dores, simbolizando as dores que ela suportou (ver capítulo 12).

Assim nasceu o culto à Nossa Senhora da Luz, a partir da chamada festa da Apresentação de Jesus no Templo e da Purificação e cuja celebração acontece quarenta dias depois do Natal, em 2 de fevereiro. Nessa data, costuma-se benzer velas (ou candeias na denominação mais antiga) que, por vezes, são levadas acesas em procissões.

Luz nas Canárias

Nossa Senhora da Candelária teria aparecido pela primeira vez na Ilha de Tenerife, nas Canárias, antes de o arquipélago pertencer à Espanha e seus habitantes, os guanches, conhecerem o cristianismo. Por volta do ano de 1400, dois nativos viram a imagem de Nossa Senhora segurando, de um lado, o menino Jesus e, do outro, uma vela verde. Obviamente, ficaram em choque, apavorados, e tentaram atacá-la, arremessando pedras. Daí aconteceu o fenômeno dito milagroso: um deles se viu com o braço imobilizado e a mão do outro desatou a sangrar, conforme diz a tradição. O certo é que anos antes da conquista de Tenerife pelos espanhóis, em 1496, os guanches já veneravam Maria, segundo informa o site da prefeitura da cidade de Candelária, onde fica o santuário dedicado à santa e padroeira das Canárias.

“Na mesma época, mais especificamente no começo do século XV, Nossa Senhora da Candelária também já era cultuada em Portugal e, tradicionalmente, invocada pelos cegos.”

Na mesma época, mais especificamente no começo do século XV, Nossa Senhora da Candelária também já era cultuada em Portugal e, tradicionalmente, invocada pelos cegos. Quem conta é o escritor e padre Antônio Vieira no *Sermão do nascimento da mãe de Deus*: “Perguntai aos cegos para que nasce esta celestial Menina, dir-vos-ão que nasce para Senhora das Candeias...”.

Em Portugal, tudo começou também com uma aparição e muita luz, primeiramente nos sonhos de Pedro Martins, português humilde e devoto de Nossa Senhora, nascido em Carnide (freguesia de Lisboa). Durante as incursões dos mouros à Península Ibérica, Pedro foi preso e enviado para a África. Para se livrar do cativeiro, ele invocou com fé o socorro da santa. Por cerca de trinta dias, Nossa Senhora teria aparecido em sonhos para ele. A santa garantia libertá-lo e o orientava a procurar uma imagem na Fonte do Machado, em Carnide, e depois erguer no local uma ermida em sua homenagem.

Livre e de volta à terra natal, em 1463, o devoto partiu para a missão. No lugar indicado pela santa e em meio a uma intensa luminosidade, Pedro encontrou a imagem de Maria. No local, foram construídos um convento e uma igreja dedicada à Nossa Senhora da Luz.

O célebre terremoto de 1755 – um dos mais destruidores e mortais da história, acompanhado de *tsunami* e incêndios que mataram milhares e devastaram a cidade de Lisboa – destruiu quase inteiramente o grande santuário de Carnide. Contam que, durante o trágico episódio, uma distinta dama, cujo marido viria para Minas Gerais trabalhar como funcionário do chamado contrato de diamantes (sistema de exploração da extração do minério na Colônia), implorou à Nossa Senhora da Luz para sobreviver à catástrofe. Em troca, prometeu erigir no Brasil uma igreja em honra à santa. A capela Nossa Senhora da Luz na cidade mineira de Diamantina é o ex-voto da referida portuguesa, dona Teresa de Jesus Corte Real. Curiosidade: nessa igreja um ilustre político brasileiro e devoto fervoroso da Luz, o ex-presidente Juscelino Kubitschek, foi batizado e depois serviu como coroinha.

> “Apesar de situado em meio à Avenida Tiradentes, no centro da capital paulista, o Mosteiro da Luz, com seu pátio e jardim protegidos por muro, mantém-se um oásis de silêncio e tranquilidade inabalável.”

Um ex-voto absolutamente extraordinário fica no Rio de Janeiro: a imponente Candelária, uma das mais belas igrejas do Brasil – famosa também pelos arredores de suas portas terem sido palco de um símbolo da violência contra pobres no país, a Chacina da Candelária, ocorrida na noite de 23 de julho de 1993, quando policiais militares assassinaram oito jovens, dos quais seis eram menores de idade.

A igreja carioca é resultado do pagamento de uma promessa feita pelos espanhóis Antônio Martins de Palma e Leonor Gonçalves. Durante uma viagem de barco, o casal enfrentou uma tempestade violenta em alto-mar e invocou Nossa Senhora da Candelária (segundo algumas fontes, eles se encontravam justamente

LUGAR DE DEVOÇÃO

Halley Pacheco de Oliveira

Halley Pacheco de Oliveira

IGREJA DA CANDELÁRIA DO RIO É EX-VOTO DE CASAL DE DEVOTOS

A capela construída em 1634 como pagamento de promessa do casal de espanhóis que sobreviveu a uma tormenta no oceano em viagem para o Brasil se transformou na imponente Igreja da Candelária do Rio de Janeiro. Na foto acima, os painéis deslumbrantes do teto da nave central contam a história do templo: da viagem tenebrosa dos dois devotos à inauguração da igreja. São obras-primas do pintor brasileiro João Zeferino da Costa, assim como os quadros na cúpula, representando a Santíssima Virgem e as sete virtudes: fé, esperança, caridade, prudência, justiça, fortaleza e temperança. As portas, de bronze, foram fundidas em Paris e apresentadas na Exposição Universal, em 1900. Os vitrais foram realizados na Alemanha. Nas duas torres há dois relógios: um indica as horas, sintonizado com o badalar dos sinos, e os quartos de hora; o outro, os dias do mês, da semana e também as fases da lua.

na região de Tenerife, o berço da devoção). Fizeram o voto de construir uma igreja em honra à santa no primeiro porto em que o navio chegasse. O casal aportou no Rio de Janeiro e, em 1630, construiu a capela de frente para o mar, a qual passou por reforma e transformações até chegar ao atual monumento religioso. A história da igreja, incluindo os momentos da viagem do casal de espanhóis, é ilustrada por pinturas na abóboda da nave: a "Partida do Porto de Palma", "A tempestade", "O salvamento", "O voto cumprido", "A sagração de 1775" e "A inauguração", que se deu parcialmente em 1811, com a presença do príncipe regente e futuro rei de Portugal, dom João VI.

Mas a devoção no Brasil nasceu em São Paulo e deu nome ao bairro que concentra um conjunto de importantes prédios históricos e culturais, como a Pinacoteca do Estado e a bela Estação da Luz.

A primeira capela no país dedicada à santa transformou-se no complexo Mosteiro da Luz, fundado em 1774 por frei Galvão, o primeiro santo do Brasil. Compõe-se de capela, padaria, o Museu de Arte Sacra e um convento, onde as Irmãs Concepcionistas da Ordem da Imaculada Conceição produzem e distribuem gratuitamente as famosas pílulas de frei Galvão.

"Onde fica a maior igreja barroca da Nossa Senhora da Luz no Brasil? Na famosa terra dos exageros: a paulista Itu, onde tudo é gigante."

Apesar de situado em meio à barulhenta Avenida Tiradentes, no centro da capital paulista, o Mosteiro da Luz, com seu pátio e jardim protegidos por muro, mantém-se um oásis de silêncio e tranquilidade inabalável.

Onde fica a maior igreja barroca da Nossa Senhora da Luz no Brasil? Na famosa terra dos exageros: a paulista Itu, onde tudo é gigante. A igreja matriz da cidade, de 1780, é também uma das mais belas do país, cujas pinturas de frei Jesuíno do Monte Carmelo encantaram o escritor Mário de Andrade. O modernista escreveu um livro apaixonado, *Padre Jesuíno do Monte Carmelo,* sobre a obra do religioso, que também era compositor de música sacra, entalhador, construtor de órgãos, poeta e arquiteto.

RELIGIÃO PELA ARTE

Palácio Pedro Ernesto - Câmara Municipal do Rio de Janeiro

A IDA DE MARIA AO TEMPLO COM CRISTO BEBÊ É INSPIRAÇÃO DE OBRAS-PRIMAS

O tema ligado à devoção de Nossa Senhora da Luz está representado por dois nomes fundamentais da arte: o italiano Giotto di Bondone e o holandês Rembrandt. *Apresentação de Cristo no Templo* (acima) faz parte do chamado ciclo de afrescos pintados por Giotto entre 1304 e 1306. A vida de Maria é o tema de todos os afrescos que cobrem as paredes e o teto da Capella degli Scrovegni, em Pádua, Itália. A bela tela *Canção de Louvor de Simeão* (ao lado) foi pintada por Rembrandt quando tinha apenas 25 anos, em 1631.

Palácio Pedro Ernesto - Câmara Municipal do Rio de Janeiro

Mosteiro da Luz, em São Paulo, onde são feitas as pílulas de frei Galvão: papeizinhos com uma antífona de Nossa Senhora, produzidos em espírito de oração pelas Irmãs Concepcionistas, conforme orientação deixada pelo frei.

Lava Jato, Petrobras, políticos e Candeias

Os assuntos acima fazem parte de mundos mais próximos do que se imagina. Etimologicamente, pertencem a um mesmo grupo os sentidos de candeias (velas, que iluminam, clareiam) e candidatos (na Roma Antiga, os candidatos, do latim *candidatus*, a cargos públicos vestiam uma túnica branca, cândida, simbolizando pureza, claridade, candidez).

A Operação Lava Jato surgiu com o objetivo de limpar a sujeira na política brasileira, atolada em práticas de corrupção. Já a produtora estatal de energia Petrobras foi um dos seus primeiros alvos de investigação.

A proximidade vai ainda além dos sentidos das palavras. Adentra no território da devoção a Maria. Nossa Senhora da Luz é patrona da cidade de Curitiba, berço da Lava Jato. E pasme: é padroeira da Petrobras!

O desafio, portanto, é dos mais hercúleos.

Multidão de fiéis na tradicional procissão das velas, em Juazeiro do Norte, Ceará, que encerra a Romaria das Candeias, considerada a mais antiga e uma das maiores da região.

"ORAÇÃO A NOSSA SENHORA DA LUZ"

Nossa Senhora da Luz, obedecendo à Lei Mosaica, levastes ao templo vosso Divino Filho, A Luz do Mundo. Sede brilhante farol que, através das brumas e tempestades da vida, nos guie incólumes ao porto seguro do céu. Somos vossos filhos, guiai-nos! Dai-nos espírito de obediência filial a Deus e à Igreja! Preservai-nos da impureza! Concedei-nos a Luz da Fé e inflamai nosso coração com o fogo divino, para sempre amarmos a Jesus e torná-lo amado por todos.
Amém
Ave Maria
Nossa Senhora da Luz, iluminai-nos.
Rogai por nós, Nossa Senhora da luz, para que sejamos livres da cegueira do corpo e da alma.
Amém

Fonte: Paróquia Nossa Senhora da Luz, em São Paulo http://www.paroquianossaluz.com.br/institucional.aspx?ID=9

10

NOSSA SENHORA DA IMACULADA CONCEIÇÃO

10

NOSSA SENHORA DA IMACULADA CONCEIÇÃO

NOSSA PADROEIRA ANTES DE ESCURECER E VIRAR APARECIDA

Patrona do Brasil desde o século XVII, a devoção refere-se ao fato de Maria, e não apenas seu filho, Cristo, ter sido gerada sem pecado. Guadalupe é uma de suas versões.

Essa devoção é forte! Causou grande celeuma dentro da própria Igreja, uma disputa acirradíssima que durou, literalmente, séculos, ao longo dos quais intensos debates foram travados em torno da sua definição como dogma (verdade de fé declarada por um concílio ou um papa, na qual o fiel deve crer), o que depois acabou ocorrendo.

O culto não nasceu de uma aparição da santa para um humilde devoto ou nos sonhos de um fiel, como em boa parte dos casos. Ele está relacionado a um tema, um princípio e também um mistério, difícil de ser assimilado hoje por quem não é padre, teólogo ou seguidor da doutrina católica: a concepção sem pecado da Virgem Maria.

Aos olhos do catolicismo, Maria não apenas não pecou ao longo de toda a sua vida, como foi concebida – de onde vem o título Conceição – sem a mancha do chamado "pecado original", ou mácula – daí o nome "Imaculada". O sentido do título é frequentemente confundido com o nascimento de Jesus, concebido virginalmente, ou seja, sem a interferência de José, marido de Maria, segundo a Igreja. Mas essa é outra história.

O assunto aqui é o título da Imaculada Conceição, gerada livre do pecado

SANTA IMAGEM

Coleção Particular

TRADIÇÃO DE FLORES À IMACULADA

Em 1857, três anos depois de proclamado o dogma da Imaculada, um impressionante monumento à santa foi inaugurado no centro de Roma, ao lado da famosa Praça de Espanha. Desde então, todo 8 de dezembro ela é homenageada com oferenda de flores. A tradição começou com o papa Pio XII, que enviou flores. Depois, São João XXIII, em 1958, depositou um cesto com rosas brancas. Desde então, o gesto é repetido por outros papas. Na foto acima, é o papa Francisco quem lidera a cerimônia, que costuma ser iniciada pelos bombeiros da cidade. Em honra aos 220 companheiros responsáveis pela inauguração do monumento, os bombeiros depositam uma guirlanda de flores no braço da imagem. A estátua, do escultor Giuseppe Obici, fica sobre uma coluna de cerca de doze metros de altura, projeto do arquiteto Luigi Poletti.

original, o que não quer dizer sem sexo. Ana e João, pais de Maria, mantiveram relação sexual para conceber Maria.

A associação de pecado original e sexo é um equívoco baseado na mentalidade anacrônica, obsoleta, ainda persistente entre algumas vertentes cristãs e que é erroneamente difundida por boa parte do povo.

Oficialmente, a Igreja não condena e nunca condenou o ato sexual, afirma o frei e mariólogo Clodovis Boff. Um casal cristão que tem relações sexuais é abençoado. Aliás, quando o padre pergunta aos noivos se estão dispostos a ter filhos, se eles responderem não, o padre não os casa. Vale lembrar as palavras da primeira benção de Deus ao casal: "Crescei e multiplicai-vos..." (Gênesis 1,28).

A Igreja não apenas abençoa o casamento como até santifica um casal! É o caso dos franceses Luís e Zélia Martin, que tiveram nove filhos, entre eles Santa Teresinha do Menino Jesus, e em 2015 foram canonizados.

E a prática do sexo por puro prazer, sem a intenção de gerar filhos, é igualmente aceita? Sim. Para a Igreja, a vida conjugal, e nela se inclui o sexo, deve estar aberta à vida, e isso não corresponde a sair gerando filhos de forma irresponsável. O planejamento familiar é prática preconizada pela Igreja. O que a instituição condena: "é o cartão vermelho para o filho", afirma Boff, a não aceitação de prole, mas não a prática do sexo sem fins de procriação. Esse tema, assim como infidelidade, aborto e divórcio, é abordado no documento que trata das relações entre a Igreja e o mundo contemporâneo, o *Gaudium et Spes* (Alegria e Esperança, em latim) do Concílio Vaticano II.

Voltando novamente à Imaculada e à ausência da mácula do pecado em Maria: essa tese remete à narração simbólica de Eva e Adão, um casal privilegiado, que vivia no melhor dos mundos, no Paraíso, provido de liberdade e de dons fabulosos, como a imortalidade e vida sem sofrimento, mas que se corrompeu ao sucumbir à tentação da serpente e comer o fruto proibido do Jardim do Éden.

> “A Igreja não apenas abençoa o casamento como até santifica um casal! É o caso dos franceses Luís e Zélia Martin, que tiveram nove filhos, entre eles Santa Teresinha do Menino Jesus, e em 2015 foram canonizados.”

O pecado, no caso, foi a desobediência do casal a Deus. Com isso, toda a espécie humana herdou essa qualidade pesada da fragilidade. "Na visão atual da Igreja Católica, o ser humano é criado por Deus em Cristo. Está, portanto, marcado por uma 'graça original'. Mas, devido a essa 'queda nas origens', tornou-se fraco diante das possíveis investidas do mal na história", afirma o irmão marista e teólogo Afonso Murad. Assim, pode ser um escravo de suas pulsões. As consequências do chamado pecado original se traduzem na fragmentação.

Mas Maria, escolhida para gerar e educar o filho de Deus, não teve o corpo marcado com consequências do pecado original. Recebeu de Deus um "privilégio", a primazia da graça de ser concebida livre da pecha, afirma o teólogo. Isso significa tal inteireza e liberdade, que a potencializa a ser do bem e a praticar o bem. A Bíblia não faz referência direta a esse tema, e por um bom tempo essa tese não foi

Romildo de Jesus/Futura Press

enioprado

Uma das mais belas igrejas do país, a monumental Basílica Santuária Nossa Senhora da Conceição da Praia, em Salvador, abriga a imagem da santa que desembarcou junto com o português Tomé de Souza, primeiro governador-geral do Brasil, em 1549. Acima, cena dos festejos em que a cidade para, reunindo milhares de devotos católicos e de religiões afro-brasileiras.

consenso no alto clero e entre teólogos da Igreja, embora tenha sido logo assimilada na devoção popular.

No século VII, mais de dez séculos antes da proclamação do dogma, em 1854, a Festa da Concepção de Maria já era comemorada no Oriente. Apesar da devoção popular, este, que é o terceiro dos quatro dogmas da Igreja, foi antecedido por uma longa e intensa polêmica entre grupos favoráveis e contrários à ideia, não da santidade de Maria, mas de isentá-la do pecado original desde a sua concepção.

Franciscanos, que defendiam a Imaculada, e dominicanos, contra a doutrina, travaram embates duros, especialmente no fim do século XIV. Houve dominicano excomungado, inquisidor enviado para o exílio, franciscano preso... A disputa envolveu teólogos, reis e ainda a ação da terrível Inquisição, que perseguia os chamados imaculistas.

De todo modo, a devoção à santa crescia ao longo dos séculos, inclusive com a prática da Missa da Imaculada quando ainda não aprovada pelo Vaticano.

> “Ela foi nossa patrona no Brasil Colônia, depois no Brasil Império, proclamada padroeira por dom Pedro I, e continua até hoje. Como apareceu nas águas do rio Paraíba do Sul, em 1717, ganhou o Aparecida no nome e passou a ser chamada Nossa Senhora da Conceição Aparecida.”

Em 1849, o papa Pio IX pediu a opinião dos bispos do mundo inteiro sobre o mérito do dogma. Sua intenção, e a isso ele faz referência no texto que enviou aos bispos, era conseguir com o dogma um antídoto contra as circunstâncias da modernidade adversas à Igreja, como o racionalismo, que olhava o mundo limitado à perspectiva da razão e não mais dependente da religião; e o laicismo, que contestava o poder político da Igreja, entre outros.

A falha dessas correntes, explica frei Boff, é “pôr sua fé no homem e em sua capacidade de autorrealizar-se plenamente”. Com o dogma, é proclamado que o homem e a mulher nascem fragilizados, fragmentados, e precisam de Cristo para serem redimidos. Apenas Maria nasceu pura, inteira e forte, devido unicamente à graça de Deus. Pio IX recebeu a quase totalidade de apoio: 546 respostas favoráveis de um total de 603 consultados. E assim teve início o processo de definição e proclamação da doutrina, com a bula intitulada *Ineffabilis Deus* (o mesmo que Deus Inefável, em latim; no sentido de algo indizível, inexplicável de tão belo e/ou complexo).

Sou a Imaculada

Passada a turbulência, com o dogma já proclamado quatro anos antes, vem uma surpresa: a doutrina da Imaculada é reforçada com a aparição na França de Nossa Senhora de Lourdes à garota Bernadette Soubirous (ver capítulo 15). Ao perguntar o nome àquela senhora que lhe aparecia, a pequena vidente ouviu: “Sou a Imaculada Conceição”. Outro sinal se revela na famosa Medalha Milagrosa (ver capítulo 3), cujo desenho, instruído por Nossa Senhora em aparição à noviça Catarina Labouré, no ano de 1830, em Paris, traz a inscrição: Ó Maria concebida sem pecado, rogai por nós, que recorremos a vós.

O Brasil foi predestinado a honrar esse título de Maria, um dos mais invocados na história do Ocidente e tão querido dos brasileiros. Em 1640 – de novo muito antes do dogma –, o rei de Portugal dom João IV oficializou o culto e determinou a obrigatoriedade da festa no dia 8 de dezembro, em todo o território, inclusive nas colônias. Seis anos depois, o monarca consagra o Reino de Portugal a Nossa Senhora da Conceição.

Ela foi nossa patrona no Brasil Colônia, depois no Brasil Império, proclamada padroeira por dom Pedro I, e continua até hoje. Como apareceu nas águas do rio Paraíba do Sul, em 1717, ganhou o Aparecida no nome e passou a ser chamada Nossa Senhora da Conceição Aparecida (ver capítulo 21).

No Brasil, o culto provavelmente começou pela Bahia em 1549, quando aportou o primeiro governador-geral do Brasil, o português Tomé de Sousa, trazendo uma tropa de mil homens, uma leva de jesuítas destinados a converter os nativos e uma escultura da Imaculada Conceição. No mesmo ano, ele fundou a primeira capital do Brasil, Salvador, e providenciou uma capela na praia para a santa da sua devoção.

Sobre o assentamento da primeira ermida, foi construída a Igreja Nossa Senhora da Conceição da Praia, onde Antônio Vieira, escritor e missionário jesuíta, estreou no púlpito, pregando seu primeiro sermão – *Sermão da Quarta Dominga da Quaresma*–, em 1633, antes mesmo de ser ordenado padre, com apenas 27 anos. A genialidade do padre foi concedida na sua juventude por Nossa Senhora – essa é uma entre várias histórias acerca do brilhantismo do orador, “o imperador da língua portuguesa”, como foi chamado pelo ilustríssimo patrício Fernando Pessoa.

A capelinha em taipa de Tomé de Sousa hoje consiste em uma monumental basílica dedicada à santa, cujo altar-mor exibe a imagem trazida pelo português há quase quinhentos anos. Inaugurada em 1765, porém com a obra só finalizada em 1849, e tombada pelo Iphan – Instituto do Patrimônio Histórico e Artístico Nacional –, é uma das mais belas igrejas do Brasil. O impressionante forro da nave central, considerado o mais importante do barroco brasileiro, é um enorme quadro, pintado por José Joaquim da Rocha em perspectiva ilusionista, o que confere a impressão de que o teto se amplia, seguindo rumo ao infinito.

O santuário foi construído com pedras lioz (tipo de calcário) importadas de Portugal, numeradas uma a uma em Lisboa e montadas na colônia. Diz a lenda que muitos navios carregados com essas pedras naufragaram na Baía de Todos-os-Santos, pois elas seriam usadas pela enciumada Iemanjá na construção do seu templo. Assim conta a historiadora Edilece Souza Couto em *Tempo de festas: homenagens a Santa Bárbara, Nossa Senhora da Conceição e Sant'Ana em Salvador (1860-1940)*.

Iemanjá, divindade que representa a fertilidade, rainha dos lares e dos mares, é associada a alguns títulos de Nossa Senhora, entre eles a Imaculada Conceição. O orixá feminino Oxum, dona dos rios e das cachoeiras, do amor e da beleza, comemorado no mesmo dia da Imaculada, também aparece sincretizado com a santa. Parece que é pelas águas que a Imaculada chega: do rio e do mar.

A artista que mais forte e lindamente cantou o sincretismo religioso brasileiro, além de primeira mulher a vender mais de 100 mil cópias de discos no país, Clara Nunes saúda orixás e seus correspondentes na tradição católica na música "Guerreira": "Salve Nossa Senhora da Conceição, otopiabá, Yemanjá!".

Mulheres batizadas como Conceição na certa não ultrapassam as Marias, mas andam próximo delas. A baiana querida no candomblé, que foi responsável por um dos terreiros mais respeitados do país, Mãe Menininha do Gantois, era Maria no nome de batismo até não poder mais: Maria Escolástica da Conceição Nazareth.

O sincretismo é uma marca da festa da padroeira da Bahia. As comemorações começam no final de novembro, com novenas noturnas diárias até o 8 de dezembro, quando a cidade para (a data é feriado municipal) e então se iniciam as celebrações com missas na basílica, que abre aos fiéis por volta das cinco horas da manhã. Milhares de católicos, mais o povo do santo, que cultua divindades afro-brasileiras, saem em cortejo pelas ruas do entorno, no bairro do Comércio, carregando o andor com a imagem da santa. Os emocionados devotos se espalham por pelo menos outros cinco bairros de Salvador, onde há paróquias consagradas à Conceição

"Guerreira"

Clara Nunes

Salve o Nosso Senhor Jesus Cristo, Epa Babá, Oxalá!
Salve São Jorge Guerreiro, Ogum, Ogum lê, meu Pai!

Salve Santa Bárbara, Eparrei, minha mãe Iansã!
Salve São Pedro, Kawô Cabecilê, Xangô!
Salve São Sebastião, Okê Arô, Oxóssi!
Salve Nossa Senhora da Conceição, Odofiaba, Yemanjá!...

Madrinha de Lampião

Considerado o diabo em pessoa pela história oficial, personagem que aterrorizava o sertão no começo do século XX, o bandoleiro Virgulino Ferreira da Silva, vulgo Lampião, era profundamente místico e religioso. Acreditava em Deus, nos santos e na reza forte. Segundo biógrafos e pesquisadores do cangaço, Lampião se ajoelhava todos os dias para rezar, sozinho ou com os cabras do seu bando, jejuava às sextas-feiras sem engolir nem água, rezava pelas almas todas as segunda-feiras e recitava, aos sábados, a famosa oração do Ofício. Virgulino se sentia um injustiçado e em Nossa Senhora da Conceição ele colocou a sua maior fé. Foi a santa a qual tomou como madrinha.

Padroeira de grandes nações, como Espanha e Estados Unidos, é uma das devoções mais invocadas da história do Ocidente. De onde vem esse sucesso?

Maria não teve uma vida de idílio, linda, pura e de rainha no paraíso. Sua existência como mulher, pobre e mãe de Jesus Cristo, teve muitos sofrimentos. Deparou-se com incontáveis situações apropriadas a criar desconfianças em relação às ideias diferentes daquele filho ou de questionar a validade da fé em Deus. Imagine o terror da mulher que acaba de dar à luz e tem de fugir porque o rei (Herodes) quer matar seu filho recém-nascido. Depois, o garoto cresce e se enreda com as autoridades do poder judaico, e ela assiste, totalmente impotente, ao filho ser julgado, humilhado, torturado e morto injustamente. Ao final, perdoa todos os envolvidos na morte do filho, aliás, a humanidade inteira. Haja graça divina!

"Maria sente a tentação, mas não cede", diz frei Clodovis Boff. Nunca cedeu, segundo a teologia, ou seja, jamais pecou. Ela, portanto, reforça a possibilidade de o ser humano administrar e resistir ao seu lado obscuro, expresso em atitudes destrutivas – violência, intolerância, desrespeito... –, em favor de solidariedade, justiça, integridade e outras condutas que são fontes efetivas de paz.

A mãe de Jesus valeu-se também de atributos menos doces e suaves, e mais enérgicos, vigorosos, como figura lutadora e de coragem. A iconografia da santa mostra bem essa dialética: a bela e sublime mulher em vestes esvoaçantes, etérea, pairando no céu sobre nuvens, entre anjinhos, e, sob os pés, ela esmaga uma tremenda serpente – ou dragão em algumas representações.

A porção guerreira simboliza a libertação no plano existencial, mas também no social e político. Uma prova é Guadalupe (ver capítulo 8), versão mexicana da Imaculada, afirma frei Clodovis Boff, cuja guerra pela independência da Espanha foi travada em seu nome, assim como outras batalhas por liberdade na América Latina.

LUGAR DE DEVOÇÃO

AgnosticPreachersKid

WASHINGTON OSTENTA BASÍLICA COLOSSAL DEDICADA À PADROEIRA DOS ESTADOS UNIDOS

Da cearense Quixeré à Barra do Corda, no Maranhão, e Bem Bom, na Bahia, passando pela mineira Nanuque ou a gaúcha Viamão, até as capitais Belo Horizonte, Manaus e Alagoas. A Imaculada é um *best-seller* no quesito padroeira, um dos títulos mais invocados na história. No mundo, a santa também brilha. Entre os países, é padroeira da Espanha, de Portugal e dos Estados Unidos. Aliás, o país que detém as maiores posições em diferentes setores ostenta um templo grandioso dedicado à santa. A Basílica do Santuário Nacional da Imaculada Conceição em Washington é a maior igreja católica romana da América do Norte e uma das dez maiores do mundo (foto acima). Dispõe de mais de oitenta capelas e oratórios, além de conter a maior coleção do mundo de arte eclesiástica contemporânea. É um templo do século XX – a construção teve início em 1920, com o lançamento da pedra fundamental –, já a arquitetura segue o estilo romano-bizantino.

A fidelidade talvez seja a mais bela inspiração desse título de Nossa Senhora. Para o irmão marista Afonso Murad, ela é a "afirmação da inteireza do ser humano". Realiza o que todos ou quase todos desejam: ser inteiro no mundo, viver em sintonia com a própria essência.

"ORAÇÃO A NOSSA SENHORA DA CONCEIÇÃO"

Virgem Santíssima, que fostes concebida sem o pecado original e por isto merecestes o título de Nossa Senhora da Imaculada Conceição, e por terdes evitado todos os outros pecados, o Anjo Gabriel vos saudou com as belas palavras: "Ave Maria, cheia de graça"; nós vos pedimos que nos alcanceis do vosso divino Filho o auxílio necessário para vencermos as tentações e evitarmos os pecados, e já que vos chamamos de Mãe, atendei-nos com carinho maternal esta graça: (fazer o pedido); para que possamos viver como dignos filhos vossos. Nossa Senhora da Conceição, rogai por nós.
Amém.

Fonte: Arquidiocese de Belo Horizonte, http://arquidiocesebh.org.br/nossa-senhora-da-conceicao/paroquia/padroeira/

11

NOSSA SENHORA DO DESTERRO

11

NOSSA SENHORA DO DESTERRO

AJUDA VÍTIMAS DA GRANDE TRAGÉDIA DO SÉCULO XXI

Maria, que ficou exilada no Egito com sua família, é invocada pelos refugiados, exilados e todos que deixam sua terra devido a guerra, pobreza, epidemia, opinião política, entre outros.

Albert Einstein, Dalai Lama, Freud, Freddie Mercury, Marlene Dietrich, Clarice Lispector, Marc Chagall, Nadia Comaneci... São vários os refugiados célebres do século XX obrigados a deixar seus respectivos países em diferentes momentos da história. O período foi especialmente marcado pelos deslocamentos em massa na Europa em consequência da Segunda Guerra Mundial (1939-1945), com populações fugindo do nazismo, em migrações forçadas para o trabalho escravo ou enviadas para campos de concentração. Mas o século XXI, no quesito refugiados, conseguiu bater o recorde global: vivemos a maior onda desde a Segunda Guerra, com mais de 70 milhões de pessoas, metade delas crianças, forçadas a deixar suas casas, segundo dados relativos a 2018 da Agência da ONU para Refugiados (ACNUR).

O meninninho sírio Alan Kurdi, de três anos, encontrado morto na beira do mar em uma praia na Turquia, é o símbolo dessa tragédia. A foto do corpo da criança de bruços na areia, vítima de naufrágio quando fugia da Síria com a família, em setembro de 2015, deixou o mundo chocado e sensibilizado para o drama dos refugiados, assim como para os direitos humanos e a crise

SABIA DESSA?

OS REFUGIADOS, O PAPA FRANCISCO E NOSSA SENHORA DA ESTRADA

Maria, que tão bem conheceu o revés de um exílio, tem outro título associado ao desterro: Nossa Senhora da Estrada. O nome da santa foi invocado pelo papa Francisco no Dia Mundial do Migrante e Refugiado, definido por ele, desde 2019, como o último domingo de setembro. "Não se trata apenas de migrantes" foi o título do discurso, em que reforçou suas posições de defesa dos direitos humanos.

Um trecho: "...a presença dos migrantes e refugiados – como a das pessoas vulneráveis em geral – constitui, hoje, um convite a recuperar algumas dimensões essenciais da nossa existência cristã e da nossa humanidade, que correm o risco de entorpecimento num teor de vida rico de comodidades. Aqui está a razão por que não se trata apenas de migrantes, ou seja, quando nos interessamos por eles, interessamo-nos também por nós, por todos; cuidando deles, todos crescemos..."

No final,invocou Nossa Senhora da Estrada com abundantes bênçãos aos migrantes e refugiados do mundo.

humanitária. Nossa Senhora do Desterro, portanto, é uma invocação muito apropriadamente contemporânea.

A primeira família de refugiados mais famosa da história, provavelmente, foi a de Maria. O episódio foi batizado de Fuga da Sagrada Família para o Egito e deu origem a este título de Nossa Senhora. Pouco tempo depois de dar à luz, a jovem de Nazaré, esposa de José, foi acordada no meio da noite pelo marido dizendo que eles tinham que sair correndo de Belém com destino ao Egito (algo como 250 quilômetros de distância, o equivalente a uma viagem do Rio de Janeiro para Aparecida, porém no deserto e em cima de burrico). Isso porque o rei Herodes, o Grande, procurava o bebê do casal para matar.

Os três reis magos haviam chegado em Jerusalém, vindos do Oriente, perguntando pelo paradeiro do rei dos judeus, que havia acabado de nascer. Herodes ficou atordoado com a possibilidade de perder o trono e deu ordem para que fossem executadas todas as crianças de até dois anos de Belém e arredores. Segundo passagem da Bíblia descrita pelo apóstolo São Mateus (2,13-21), o aviso chegou a José por meio da mensagem de um anjo que lhe apareceu em sonho, dizendo: "Levanta-te, toma o menino e sua mãe e foge para o Egito; fica lá até que eu te avise, porque Herodes vai procurar o menino para o matar".

Conforme diferentes fontes dos evangelhos apócrifos (não reconhecidos pela Igreja), a família teria vivido no exílio por quatro ou sete anos, até a boa-nova ser comunicada a José por um anjo, e novamente em sonho, de que já podiam retornar a Nazaré. Aqueles que queriam matar o menino haviam morrido.

Segundo narrações de pouca credibilidade histórica, eles viveram em Macarié, perto de Heliópolis (hoje bairro da capital Cairo). São várias as lendas acerca dessa fase da vida de Maria. Entre elas, a cena poética, onírica, em que Maria senta sob as copas de uma tamareira para descansar e a palmeira se curva na sua direção, levando seus frutos até as mãos da jovem. Outra história é a do assalto sofrido pela família e, na hora H, abortado a pedido de um dos bandidos, o chamado Bom Ladrão, que depois seria crucificado ao lado de Jesus e venerado como santo – São Dimas.

> "Já no Nordeste há desterrenses desde aproximadamente 1845, quando a portuguesa Silvéria Maria da Conceição deu o nome de Desterro à pequena cidade do sertão da Paraíba."

Maria, que viveu a experiência do exílio, é protetora das pessoas que são tiradas da sua terra, desterradas, separadas da família e de sua cultura devido a guerra, epidemia, fome, pobreza, desastre natural, religião, opinião política, credo, entre outros. Nesse grupo estão os exilados, refugiados, órfãos em abrigos, pais idosos abandonados pelos filhos e também imigrantes que mudaram de país por escolha e pedem a proteção da santa para encontrarem um bom acolhimento.

A devoção à Nossa Senhora do Desterro no Brasil colonial foi intensa, possivelmente para confortar os colonizadores saudosos do lar. Em Salvador (BA), num endereço que parece saído da Bíblia – rua do Desterro, s/n, Nazaré –, foi erguida uma das primeiras igrejas dedicadas à santa no país, uma capelinha, junto com o Hospício do Desterro. Eram tempos difíceis e caros para os senhores de engenho mandarem suas filhas prometidas para mosteiros em Portugal. Em 1681, iniciou-se ali a construção do primeiro convento para mulheres no país, o belo conjunto Convento de Santa Clara do Desterro, cuja igreja fica em uma de suas laterais.

O desterro é produzido por pessoas para outras pessoas. Colonizadores desterrados também protagonizaram uma história de desterro fenomenal aos nativos. Arrancados das áreas onde viviam, os índios foram escravizados, além de se tornarem vítimas de pestes, guerras e da sujeição à catequese, que colaboraram para extinguir a sua cultura e também tribos inteiras.

De Jundiaí e Florianópolis

No interior paulista, a conhecida Jundiaí (nome de origem tupi) era ocupada por índios que viviam da plantação de milho e mandioca. Segundo a versão mais aceita por historiadores, por volta de 1615, um casal de portugueses, Rafael de Oliveira e Petronilha Rodrigues Antunes, fugido de São Paulo por motivações políticas, se alojou na região e fundou a Freguesia de Nossa Senhora do Desterro, talvez pela sua condição de refugiados. As comunidades indígenas locais, claro, foram desterradas.

Já os italianos, que muito mais tarde, no final do século XIX, aportaram em Jundiaí – foi uma leva enorme de imigrantes atraída por trabalho –, devem ter se sentido acolhidos e protegidos logo na chegada à cidade ao se depararem com o templo da sua Madonna degli Emigranti, nome com o qual Nossa Senhora do Desterro é venerada na Itália, na região de Bolonha.

Maria, com esse título, inspira a reflexão sobre a espiritualidade do receber, o sentido do hospedar, de acolher. O tema consta das famosas regras escritas por São Bento, que desde o século VI guiam a vida comunitária nos monastérios dos beneditinos. O *Capítulo 53 - Da recepção dos hóspedes* determina: "Todos os hóspedes que chegarem ao mosteiro sejam recebidos como o Cristo, pois Ele próprio irá dizer: 'Fui hóspede e me recebestes...' Em todos os hóspedes que chegam e que saem, adore-se, com a cabeça inclinada ou com todo o corpo prostrado por terra, o Cristo que é recebido na pessoa deles".

Diferente, mas igual

Jacques Derrida, um dos mais importantes filósofos do século XX, define o princípio da hospitalidade como "a capacidade de receber o outro como diferente, porém essencialmente igual" e apresenta uma visão completamente nova para o acolhimento. Hospitalidade era um dos assuntos do seu interesse não apenas no campo da ética individual, mas também em relação à política das nações (voltada a imigrantes, exilados, refugiados e desterrados em geral). Para o pensador franco-argelino, que era migrante e judeu magrebino, a tolerância (palavra tão usada no debate sobre a crise migratória, da aceitação do estrangeiro, do diferente) é o oposto da hospitalidade, porque ela é limitada, condicional, com restrições, como disse em depoimento a Giovanna Borradori no livro *Filosofia em tempo de terror*. Derrida propõe uma hospitalidade pura, absoluta, sem precondição:

> "...a hospitalidade pura ou incondicional não consiste nesse convite ('Eu convido-o, eu dou-lhe as boas-vindas ao meu lar, sob a condição de que você se adapte às leis e normas do meu território, de acordo com a minha linguagem, tradição, memória etc.'). A hospitalidade pura e incondicional, a hospitalidade em si, abre-se ou está aberta previamente para alguém que não é esperado nem convidado, para quem quer que chegue como um visitante absolutamente estranho, como um recém-chegado, não identificável e imprevisível, em suma, totalmente outro."

"Jacques Derrida, um dos mais importantes filósofos do século XX, define o princípio da hospitalidade como "a capacidade de receber o outro como diferente, porém essencialmente igual"."

Muito longe dessa possibilidade apontada pelo filósofo, a realidade atual é assustadora, de grave crise humanitária, com fechamento de fronteiras, adoção de leis restritivas a imigrantes e hordas de refugiados do Oriente Médio repelidos pelo Ocidente. O trabalho desse título de Nossa Senhora é dos mais hercúleos.

Voltando ao passado da paulista Jundiaí, havia interesse local na mão de obra do imigrante e, portanto, em recebê-los bem, transformando a cidade em uma das maiores colônias italianas do país. A capelinha erguida com paredes em taipa de pilão pelo casal português passou, em 1886, por uma grande reforma com projeto do famoso arquiteto e educador Ramos de Azevedo e, desde 1966, o belo templo possui *status* de catedral.

Desterro foi também o nome da capital de Santa Catarina,

atual Florianópolis, durante duzentos anos, desde quando o bandeirante paulista de São Vicente (SP), Francisco Dias Velho, chegou com a família e agregados por volta de 1675 e fundou a povoação com o nome da santa. Sua comitiva era composta por três filhas e dois filhos moços, "além de quinhentos índios domesticados", conta Virgílio Várzea, em *Santa Catarina, a ilha*, publicado em 1984.

Alguns historiadores afirmam que Dias Velho já desembarcou com a imagem de Nossa Senhora debaixo do braço e mandou erigir a capela. Outros afirmam que a igrejinha existia antes da sua chegada. Aliás, há divergências entre autores a respeito da origem da cidade. O fato é que, com o advento da República (1889), houve resistências locais ao governo, mas foram vencidas pelas forças comandadas por Floriano Peixoto. Em 1894, o nome da cidade mudou para homenagear o marechal e, assim, moradores ou nascidos na capital catarinense passaram a ser os florianopolitanos.

Já no Nordeste há desterrenses desde aproximadamente 1845, quando a portuguesa Silvéria Maria da Conceição deu o nome de Desterro à pequena cidade do sertão da Paraíba como pagamento de promessa: ela pediu que uma epidemia de febre que havia se abatido sobre a região fosse desterrada. Silvéria e o marido, Manoel dos Reis de Souza, fundaram o município, cuja maior cidade nos arredores, já no estado de Pernambuco, chama-se, acredite se quiser: São José do Egito.

São muitas as referências à passagem bíblica da fuga da Sagrada Família. Aliás, a representação iconográfica desse episódio tem um quê de Nordeste. O périplo da viagem para o Egito pelo deserto é representado por Maria sobre um jumento, com o menino Jesus no colo, e José, a pé, conduz o animal, levando uma trouxinha amarrada na ponta do cajado. A imagem é de uma mansidão, um silêncio, exprime um estado de humildade profunda. Ao brasileiro, faz lembrar a travessia dos retirantes nordestinos nos prolongados períodos de seca que assolam o sertão, às vezes quase um deserto. Uma viagem também empreendida por sobrevivência.

LFino

Capela do Desterro desenhada em 1716, dentro da cerca do grandioso Mosteiro de Alcobaça, Portugal

Os deslocamentos, os isolamentos, o sentimento de não pertencer, a solidão, a alienação... "O exílio nos compele estranhamente a pensar sobre ele, mas é terrível de experienciar. Ele é uma fratura incurável entre um ser humano e um lugar natal, entre o eu e seu verdadeiro lar: sua tristeza essencial jamais pode ser superada. E, embora seja verdade que a literatura e a história contêm episódios heroicos, românticos, gloriosos e até triunfais da vida de um exilado, eles não são mais do que esforços para superar a dor mutiladora da separação. As realizações do exílio são permanentemente minadas pela perda de algo deixado para trás para sempre." Assim, Edward Said, um dos pensadores mais importantes dos nossos tempos, começa o ensaio precioso que dá nome ao seu livro *Reflexões sobre o exílio e outros ensaios*. Na obra, o intelectual e humanista analisa grandes autores como Nietzsche, Freud, James Joyce, Joseph Conrad, abordando filosofia, política, literatura, em que o exílio é a condição constante. Ele próprio, como disse, viveu "entre mundos": palestino nascido em Jerusalém, cresceu no Cairo, onde estudou em colégio britânico; aos dezesseis anos foi para os Estados Unidos, passando pelas universidades de elite de Princeton e Harvard, e deu aula de Literatura Comparada na Universidade Columbia, Nova York, com cidadania norte-americana até morrer. No ensaio "Entre mundos", do mesmo livro, ele conta: "...eu nunca soube qual era a minha primeira língua e nunca me senti plenamente à vontade nas duas, embora sonhe em ambas. Toda vez que pronuncio uma frase em inglês, ouço seu eco em árabe, e vice-versa".

Uma visão estimulante e original sobre o exílio vem de um monge da Saxônia que viveu no século XII, Hugo de São Victor, e cujas "linhas assustadoramente belas" são registradas por Said, no ensaio "Reflexões sobre o exílio", também da obra *Reflexões sobre o exílio e outros ensaios*:

> "Portanto, é fonte de grande virtude para a mente exercitada aprender, pouco a pouco, primeiro a mudar em relação às coisas invisíveis e transitórias, de tal modo que depois ela possa deixá-las para trás completamente. O homem que acha doce seu torrão natal ainda é um iniciante fraco; aquele para quem todo solo é sua terra natal já é forte; mas perfeito é aquele para quem o mundo inteiro é uma terra estrangeira. A alma frágil fixou seu amor em um ponto do mundo; o homem forte estendeu seu amor para todos os lugares; o homem perfeito extinguiu isso."

As tão boas palavras do monge bem podem ser úteis em outros desterros da vida, quando não há deslocamento físico, geográfico, mas fica-se sem rumo, sem chão, desorientado como numa terra estrangeira. É o caso de

A DEVOÇÃO E A HISTÓRIA

Ggia

Janossy Gergely/Shutterstock

Iconografia da devoção traz a primeira família de refugiados mais famosa da história

BRASIL CONVIVE COM DESTERRO DESDE CABRAL

Cenas da crise de refugiados: acima, milhares vagam para a Alemanha; no alto, sírios e iraquianos chegam à Grécia. No Brasil, nascemos convivendo com o desterro: o próprio desterramento, com os indígenas arrancados de suas terras, os colonizadores aqui desenraizados, e os africanos trazidos como escravos. Já no início do século XX, o Brasil era uma terra de imigrantes – portugueses, japoneses, italianos...

Neste século, haitianos, venezuelanos e colombianos lideram o grupo de migrantes. Quanto aos índios, o desterramento prossegue.

LUGAR DE DEVOÇÃO

Regina Kalmann

Regina Kalmann

TEMPLO NEOGÓTICO EM JUNDIAÍ

A suntuosa Catedral de Jundiaí, no interior paulista, começou a ser construída em 1651. Mais de duzentos anos depois, em 1886, o templo passou por uma grande reforma, com projeto do célebre arquiteto Ramos de Azevedo. A primeira ermida do vilarejo, porém, era uma capelinha com paredes de taipa de pilão construída pelo casal de portugueses fundadores da Freguesia Nossa Senhora do Desterro.

O templo é imponente, como se espera do estilo arquitetônico neogótico. De construção alta, é rico em vitrais coloridos e abóbodas no teto, como a do altar-mor (foto acima), em que a cena do desterro da Sagrada Família no Egito é retratada, inclusive com as pirâmides ao fundo.

grandes perdas – no amor, na amizade, nas finanças, no trabalho... O homem ou a mulher forte entende a transitoriedade e a incerteza de tudo no mundo e abre a alma para outras plagas. O ser humano perfeito, bom, esse é do território do divino!

"ORAÇÃO A NOSSA SENHORA DO DESTERRO"

De Belém ao Egito, com o Menino recém-nascido escondido e apertado no peito, por terras desérticas e desconhecidas, triste e silenciosa, seguindo os passos firmes de José... Eis a Mãe do Filho de Deus a caminho do desterro.
Nossa Senhora do Desterro, olhai por nós, vossos filhos, apreensivos e inseguros a caminho da Pátria definitiva.
Depois deste desterro, oh! Mãe carinhosa, mostrai-nos Jesus, bendito fruto de vosso ventre, oh! clemente, oh! piedosa, oh! doce sempre Virgem Maria.
Nossa Senhora do Desterro, acompanhai-nos na travessia do deserto da vida, até alcançarmos o oásis eterno, o Céu.
Amém

Fonte: Romaria Brasil
http://www.romariabrasil.com.br/2017/03/30/oracao-a-nossa-senhora-do-desterro

12

NOSSA SENHORA DAS DORES

12

NOSSA SENHORA DAS DORES

A MÃE QUE VIVEU O MAIOR DE TODOS OS SOFRIMENTOS

Maria, que testemunhou o martírio e a morte do filho, é invocada pelos mais sofridos, seja por injustiça, pobreza, falta de oportunidades. São sete as suas maiores dores na vida.

A maior dor do mundo, lancinante, pungente, incurável, sem fim... Em busca da mais perfeita tradução do sofrimento de uma mãe que perde o filho, as palavras de Chico Buarque surgem como as melhores, magistrais, em seu poema-canção "Pedaço de mim":

Oh, pedaço de mim
Oh, metade arrancada de mim
Leva o vulto teu
Que a saudade é o revés de um parto
A saudade é arrumar o quarto
Do filho que já morreu...

Maria de Nazaré, além de perder o filho, a quem ela amava desesperadamente, assistiu ao seu martírio e morte sem poder fazer nada para impedir. Jesus foi preso, julgado e incriminado injustamente, coroado com espinhos e pregado na cruz pelos pulsos; ao final, já morto, uma lança lhe foi enfiada em um dos lados do corpo. Esse suplício faz parte do pacote das sete maiores

RELIGIÃO PELA ARTE

Catedral de Antuérpia

Maria entre as cenas mais dolorosas; pintura exposta na Igreja de Nossa Senhora em Bruges, na Bélgica

TESOUROS NA IGREJA

Sete são as maiores dores de Maria durante a vida, sete é o número de espadas fincadas no seu coração na representação iconográfica. A imagem pode trazer só um punhal ou nenhum. De todo modo, a expressão de sofrimento no rosto de Maria é sempre de uma intensidade avassaladora.

No quadro ao lado, as sete passagens mais dolorosas são representadas ao redor da imagem da santa. A pintura é do artista renascentista flamengo Adriaen Isenbrant e pode ser vista na suntuosa Igreja de Nossa Senhora em Bruges, na Bélgica. Construída entre os séculos XIII e XV, sua torre, de cerca de 110 metros, é o ponto mais alto da cidade. Possui um tesouro artístico: *Madona de Bruges*, escultura em mármore de Michelangelo, criada entre 1501 e 1504; única estátua a sair da Itália durante a vida do artista.

dores que marcam a trajetória da vida de Maria e que originaram o título de Nossa Senhora das Dores.

A primeira dor foi a aflição de ouvir uma sombria profecia logo que Jesus nasceu. Com quarenta dias de vida, Maria levou o bebê, junto com José, ao Templo de Jerusalém para apresentá-lo ao Senhor, segundo determinava a Lei de Moisés. Simeão, um ancião devoto que teria recebido de Deus a promessa de não morrer sem ter visto, com os próprios olhos, o Salvador do mundo, recebeu a família de Maria, saudando Jesus como a luz que iluminaria os povos. Depois, segundo conta Lucas, o velho fez a penosa previsão para Maria: "...uma espada traspassará também a tua própria alma; para que se manifestem os pensamentos de muitos corações".

As sete dores de Maria são:

1. A aflição diante da profecia de Simeão na apresentação de Jesus no templo (Lucas 2,22-38);
2. A angústia de ter de fugir para o Egito com o filho recém-nascido e o

marido, porque o rei Herodes estava à caça da criança para matá-la (Mateus 2,13-21);

3. A agonia quando o filho de doze anos desapareceu por três dias em Jerusalém (Lucas 2,41-51);
4. A consternação no encontro com Cristo a caminho do Calvário, carregando a cruz nos ombros (Lucas 23,27-31)
5. O suplício de assistir à morte do filho preso na cruz (João 19,25-27);
6. A dor na alma quando ele tem uma lança enfiada no corpo (João 19,31-36);
7. A amargura diante do sepultamento do filho no Santo Sepulcro (Lucas 23,55-56).

O sofrimento sem tamanho dessa mãe leva cada um a refletir sobre as suas próprias dores e dá força para enfrentar com coragem e persistência as dificuldades da vida, carregar a cruz que lhe cabe na existência. Compreensivelmente, ela também é conhecida com os seguintes títulos: Nossa Senhora das Angústias, da Agonia, das Lágrimas, da Soledade, das Sete Dores, da Piedade, do Calvário e do Pranto.

No Brasil, a santa é cultuada com intensidade e fervor, sobretudo nas classes mais sofridas, crucificadas por pobreza, injustiça, falta de oportunidades. Nossa Senhora das Dores é padroeira de uma infinidade de cidades e venerada em outras tantas no dia 15 de setembro ou durante a Semana Santa.

O chamado Setenário das Dores de Maria é uma comemoração muito tradicional, quando são celebradas sete missas temáticas todas as sextas-feiras, ou diariamente, na semana que precede o Domingo de Ramos. Em cada dia, medita-se sobre uma das sete dores de Maria. Por vezes, as missas são realizadas na semana anterior ao 15 de setembro, com procissão, recitação do terço e da ladainha de Nossa Senhora. As comemorações assumem formatos variados nas diferentes regiões do país.

Em muitas delas, especialmente no interior mineiro, existe uma tradição comovente chamada Procissão do Encontro, realizada na noite da Quarta-Feira Santa e que rememora a dramática cena do encontro de Maria com o filho durante a caminhada rumo ao Monte Gólgota (ou Calvário). O roteiro inclui duas procissões, uma feminina e outra masculina. A primeira leva a imagem de Nossa Senhora das Dores, entoando cantos penitenciais, com a comunidade presente, representando as personagens bíblicas, como Verônica, que enxugou o rosto de Jesus, e as duas outras Marias que acompanharam a mãe na Paixão: sua irmã, Maria de Clopas (ou Cléofas), e Madalena.

De outro ponto, sai a procissão dos homens, carregando a imagem de Jesus Cristo com a coroa de espinhos na cabeça e a cruz nas costas. Num determinado local, ocorre o encontro das duas procissões e respectivas imagens, que seguem juntas.

Allan Patrick

Romaria, em Juazeiro do Norte, no Ceará, é sinônimo de Padre Cícero. Milhões de fiéis do Padim e da padroeira Nossa Senhora das Dores se encontram todos os anos no chamado ciclo de romarias. Dois pontos altos dos festejos: visitar e rezar junto ao túmulo do padre, localizado sob o altar-mor da Capela do Perpétuo Socorro, e depois ao redor da estátua monumental (127 metros de altura) que homenageia o santo do povo. Erguido no ponto mais alto da cidade, na Colina do Horto, o monumento completou seu cinquentenário em 2019.

A santa de Padim Ciço

Nossa Senhora das Dores era a devoção do líder religioso venerado como um santo no Nordeste e carinhosamente chamado de Padim Ciço. Sacerdote carismático, dedicado e sensível aos pobres, padre Cícero Romão Batista (1844-1934) influenciou a vida religiosa e também social e política do estado do Ceará. Era querido até pelo cabra mais temido do sertão, Virgulino Ferreira da Silva, o Lampião.

Em 1875, o sacerdote construiu, a partir de uma capelinha já existente em Juazeiro do Norte, uma igreja devotada à Nossa Senhora das Dores, padroeira da cidade. Foi nesse templo que, em 1889, aconteceu o fenômeno considerado milagre da hóstia que verteu sangue na boca de uma mulher, a beata Maria de Araújo, na comunhão. O evento culminou na suspensão do padre pela Igreja e a sua proibição de celebrar missa, pois o fato havia sido analisado e considerado um embuste. Mais de um século depois da punição, em dezembro de 2015, a Igreja Católica, sob a liderança do papa Francisco, revogou a condenação do padre Cícero, abrindo caminho para que um dia ele possa vir a ser declarado santo. O santuário em Juazeiro tem o título honorífico de Basílica Menor e recebe cerca de 2 milhões de romeiros por ano. No altar-mor, fica a imagem de Maria das Dores esculpida em Paris e trazida da Europa por padre Cícero.

As Dores pelo Brasil

O Brasil é pródigo em batizar cidades e também montanhas, rios e lagos com títulos de Maria. Só Minas Gerais contempla a santa no nome de pelo menos cinco municípios: Dores de Campos, Dores de Guanhães, Dores do Turvo, São Domingos das Dores e, por fim, a “totalmente cidade das Dores”: Doresópolis! Só rivaliza como nome inusitado com a paranaense Marilândia do Sul, ou Terra de Maria, a partir do inglês Mary (Maria) e *land* (terra). Capixabas também possuem a sua Marilândia, cuja padroeira, claro, é *Our Lady*.

“Assim como Maria testemunhou o suplício do filho, o povoado presenciou atrocidades e sofrimento humano em profusão. Tanto que nasceu com o dramático nome de Enforcados.”

No Nordeste, um município sergipano homenageia a santa adotando seu nome completo e em bom português – escolha coerente considerando o doloroso passado do lugar. Assim como Maria testemunhou o suplício do filho, o povoado presenciou atrocidades e sofrimento humano em profusão. Tanto que nasceu com o dramático nome de Enforcados. No século XVII, a região abrigava centros de cárcere e execução de índios que resistiam à opressão e exploração dos colonizadores portugueses. Mudou o nome para Nossa Senhora das Dores dois séculos depois por influência de um missionário que fazia pregações no lugarejo.

Dores, como é popularmente chamada a cidade, protagoniza uma manifestação religiosa-cultural reconhecida como Patrimônio Cultural Imaterial do Estado de Sergipe. São quatro procissões em um mesmo dia, na Sexta-feira da Paixão: Madeiro, Cruzeiro do Século, Senhor Morto e Penitentes.

Eloi Santos de Farias

Imponente igreja das Dores em Porto Alegre: obra arrastada por maldição de escravo

Esta última, uma tradição centenária, é formada apenas por homens. Vestidos de branco, túnica cobrindo todo o corpo e capuz, saem de noite, percorrendo cruzeiros, cemitérios, capelas e residências enquanto entoam cantos e orações pelo perdão dos pecados. A cena é forte. Sua origem é popular, e a tradição é seguida por devotos em várias áreas do país.

Praga de escravo

Partindo do sertão nordestino para os pampas gaúchos, Maria das Dores é venerada na capital Porto Alegre em uma das mais imponentes igrejas do Rio Grande do Sul – a de Nossa Senhora das Dores, a mais antiga ainda existente na cidade e também a primeira edificação da capital considerada Patrimônio Histórico Nacional, tombada em 1938. Sua construção foi também das mais longas, uma agonia só, na verdade um processo tão arrastado que, ao longo do século IX, duas gerações seguidas poderiam nascer e morrer sem ver a obra pronta. A razão, diz a lenda, foi uma maldição jogada por um escravo acusado injustamente de roubo. Seu nome: Josino, levado por seu senhor, Domingos José Lopes, para trabalhar na construção da igreja. Certo dia, deram conta do sumiço de tijolos e outros materiais da obra, e Josino foi acusado pelo crime por quem na época tinha credibilidade, o dono do escravo. A lenda possui versões em que o produto do roubo seria um adorno da imagem da santa, colar ou tiara preciosa. Seja como for, o homem apontado como o autor do crime foi condenado à morte por enforcamento.

O pelourinho ficava bem em frente às obras da igreja. Dizem que, no dia da execução, as derradeiras palavras a que Josino tinha direito de proferir antes de perder a cabeça resumiram-se a uma praga violenta que serviria como prova da injustiça de que estava sendo vítima. Disse algo como: "Vou morrer porque sou escravo, mas vou morrer inocente" e acrescentou que o seu senhor nunca veria as torres prontas, como castigo do céu pela crueldade cometida contra ele.

Segundo a tradição, após a morte de Josino as torres balançaram umas três vezes até se esfacelarem no chão, e o seu Lopes realmente não chegou a vê-las inauguradas. "E uma ironia histórica se completaria: o cruzeiro foi colocado pelo prior da irmandade na época, Aurélio Veríssimo de Bittencourt, negro como o escravo Josino", segundo conta o livro *Lendas gaúchas*, de Pedro Haase Filho.

O templo levou 96 anos para ser concluído. Os atrasos, cuja lenda que tenta explicar enfatiza o preconceito e as práticas injustas impostas aos negros, tiveram razões objetivas, como falta de verbas e a irrupção da Revolução Farroupilha.

Do ponto de vista estético, a longa duração da obra resultou numa linguagem arquitetônica abrangente, marcada por diferentes estilos presentes entre os anos 1807, quando a pedra fundamental foi lançada, e 1903, quando de sua inauguração. Sua fachada impressiona. O acesso se dá por meio de uma escadaria monumental voltada para a Rua da Praia, ou Rua dos Andradas, nome oficial da mais antiga via do centro de Porto Alegre, nascida às margens do Guaíba.

As 7 dores e os 7 amigos

Foi na Alemanha, então Germânia em 1221, no Mosteiro de Schönau, que surgiu a devoção aos sofrimentos vividos por Maria. Doze anos depois, na Itália, sete ricos comerciantes de Florença, capital da Toscana, fundam uma ordem dedicada a difundir essa devoção: a Ordem dos Servos de Maria, mais conhecidos como Servitas. Os sete já tinham uma devoção especial à Nossa Senhora, faziam parte de uma confraria que a homenageava. Também pertenciam à mesma classe social e trabalhavam no mesmo ramo de negócios – comércio de lã e tecidos –, o que os levou a desenvolverem uma profunda amizade.

Florença à época vivia um momento conturbado de guerras e conflitos entre duas facções – os guelfos, a favor do papado, e os gibelinos, partidários do Império Germânico. Para dar uma prova de paz e unidade, os sete bem-sucedidos florentinos abandonaram tudo – casa, trabalho, família e dinheiro (um pouco deixaram para os parentes e o restante, para os pobres) – e adotaram um estilo de vida austero, dedicado à oração, penitência, mendicância e obras em favor de pobres e doentes. Depois de dois anos retirados, em 1233, o grupo teve uma visão de Nossa Senhora, a qual apareceu a eles numa igreja confiando-lhes a seguinte missão: "Praticar a pobreza e uma renúncia radical ao mundo, além de severa penitência; e especial devoção a Ela, vinculada às dores que sofreu durante a Paixão de Seu divino Filho", informam os Servitas do Brasil.

SABIA DESSA?

João Paulo Araújo de Carvalho

João Paulo Araújo de Carvalho

Sem créditos

PROCISSÃO DE PENITÊNCIA RESISTE HÁ MAIS DE UM SÉCULO NA CIDADE DE DORES

O sombrio ato devocional dos Penitentes na antiga terra dos Enforcados, como era chamada a atual Nossa Senhora das Dores, no interior de Sergipe, é centenário, do final do século XIX. Última das quatros procissões da Sexta-feira Santa na cidade, focada na Paixão e morte de Cristo. Foi um cearense do Crato, Domingos Dias dos Santos, e sua família que, para fugir da seca, se mudaram para a então Vila das Dores levando a prática.

No início, o autoflagelo fazia parte da penitência, hoje basta a caminhada. Alguns devotos ainda a mantêm, ao percorrer um trajeto de joelhos dentro do cemitério, como relata João Paulo de Araújo Carvalho na dissertação *Uma cruz para os enforcados: práticas penitenciais em Nossa Senhora das Dores (SE)*. A peregrinação é noturna e restrita aos homens. Vestidos de branco, caminham do Cemitério Municipal até a Igreja de Nossa Senhora das Dores.

Mais de dez santos canonizados já saíram dessa congregação, entre eles os seus sete fundadores – Monaldi, Aleixo, Amadeu, Maneto, Bonajunta, Hugo e Sóstenes.

A Ordem dos Servos de Maria entende que o propósito da convocação dos sete italianos por Nossa Senhora foi dar continuidade aos trabalhos de São Domingos de Gusmão e São Francisco de Assis. Este último começou sua pregação fazendo voto de pobreza em combate ao espírito de ganância e competição da época, e São Domingos, pouco tempo antes, havia enfrentado o violento movimento contra a Igreja dos chamados hereges albigenses, difundindo a recitação do rosário (ver capítulo 6 sobre Nossa Senhora do Rosário). Ambos fortaleceram a devoção à Maria.

As espadas no peito da mãe

Os Servitas se estabeleceram no Brasil em 1919. Usam, seguindo indicação também de Nossa Senhora na aparição, hábito preto como forma de reverenciar e conservar a memória das humilhações e sofrimentos por que ela passou, em especial no dia da Paixão. Por isso, a santa às vezes é retratada usando manto negro, o que confere ainda mais dramaticidade à imagem. Seu principal símbolo iconográfico é pungente: uma espada fincada no peito ou sete espadas dispostas em leque ou em círculo, com três de um lado e quatro no outro, representando suas sete maiores dores. No rosto, sempre contraído pela dor, às vezes correm lágrimas.

Parecida com a oração do Rosário, existe a chamada Coroa das Sete Dores, que provavelmente remonta à época dos sete santos fundadores da Ordem. Consiste em rezar sete Ave-Marias para cada dor, sempre meditando sobre o respectivo evento doloroso vivido por Maria.

Cruzes! Elas não nos faltam

Os portugueses trouxeram a devoção de Nossa Senhora das Dores, assim como quase todos os cultos católicos – ao menos até a Proclamação da República, em 1889, quando Estado e Igreja se separaram e chegaram temas de veneração de outros países.

Os colonizadores desembarcaram por aqui chamando a colônia de Terra de Santa Cruz e com a cruz de Cristo na bandeira. Aliás, nós a mantivemos na nossa, porém com mais poesia: uma cruz de estrelas formada pelo Cruzeiro do Sul, a mais conhecida e menorzinha das constelações. Uma carta escrita em abril de 1500 pelo físico da esquadra de Pedro Álvares Cabral, Mestre João, para o rei de Portugal, dom Manuel, é o documento mais antigo que identifica a constelação e registra o nome Crux (cruz, em latim). Ela também é o objeto mais visível do culto no Brasil, segundo escreveu o padre e importante historiador português Serafim Leite (1890-1969), citando um dos nossos maiores símbolos, o Cristo Redentor, no alto do Corcovado, “em que a própria imagem de braços abertos é a Cruz”.

Na época de Jesus, a cruz era o símbolo de condenação máxima, já que levava a uma das mortes mais dolorosas, lentas e humilhantes – o filho de Maria agonizou por três horas, entre meio-dia e três da tarde, tempo considerado curto; em geral os sentenciados agonizavam ali por mais horas. Essa figura geométrica, portanto, é talvez o maior símbolo do sofrimento de todos os tempos, o que a faz parecer execrável. Para a Igreja, ela representa a salvação.

Mas qual o sentido por trás da ideia de ter de sofrer, carregar uma cruz, para se salvar? É preciso entender a alquimia de Deus, diz o teólogo e frei Clodovis Boff. O que há de mais humilhante, mais vergonhoso, é transformado em mais glorioso, mais exultante. "A cruz significa a queda, mas depois, a glorificação; é a química de uma dor que desemboca na vitória." O teólogo destaca a figura da mulher grávida presente no capítulo 12 do Apocalipse, que gritava de dores, sentindo as angústias de dar à luz - imagem de uma Maria das Dores. Ela também é rainha: na cabeça, leva uma coroa de doze estrelas, sob os pés, tem a Lua, o astro maior. A mulher sofre as dores do parto para em seguida receber o filho nascido nos braços. É a "síntese da dor que precede a glória", diz Boff.

Como experiência humana, a representação de Nossa Senhora das Dores encontra sintonia com a máxima de que a dor ensina, transforma e é fundamental para viabilizar o projeto de crescimento e evolução do ser humano.

"ORAÇÃO A NOSSA SENHORA DAS DORES"

Mãe misericórdia e querida,
muito próxima de nós pelas dores sofridas,
apresento-vos minhas tristezas,
necessidades e sofrimentos,
com a certeza de que os acolhereis e compreendereis.
Nossa Senhora da Piedade,
pelas santas lágrimas derramadas,
pelas sete espadas que transpassaram vosso coração:
a profecia do velho Simeão,
a fuga para o Egito,
a perda do Menino Jesus,
o encontro no caminho do calvário,
a dor ao pé da cruz,
a lança atravessando o lado de Jesus,
o sepultamento do vosso filho amado,
acolhei minhas súplicas e a de meus irmãos e irmãs.
Nossa Senhora das Dores, dai-nos a bênção!

Fonte: Santuário Nacional Aparecida; http://www.a12.com/santuario-nacional/noticias/detalhes/rezando-com-maria-nossa-senhora-das-dores

13

NOSSA SENHORA DE FÁTIMA

13

NOSSA SENHORA DE FÁTIMA

APARIÇÃO MAIS DIVULGADA NO MUNDO TODO

Fenômeno religioso dos mais complexos, fala de guerras, sistemas totalitários e teve uso político-ideológico; hoje, o sentido está ligado à paz como escolha interna do coração.

13 de maio de 2017. O mundo ganha dois novos santos, os mais jovens santos não mártires da Igreja Católica, duas criancinhas na verdade: os portugueses Francisco Marto e Jacinta Marto. Tinham dez e nove anos, respectivamente, quando morreram. A missa de canonização foi presidida pelo papa Francisco, no Santuário de Nossa Senhora do Rosário de Fátima, na cidade de Fátima, em Portugal.

Cem anos antes, os dois irmãos, mais uma prima, Lúcia dos Santos, de dez anos, disseram ter visto e interagido com Nossa Senhora por meia dúzia de vezes. A história contada pelas três crianças simples, pobres, analfabetas e que viviam no campo pastoreando ovelhas da família em uma área isolada de Portugal virou um fenômeno de dimensões globais, com repercussões que ultrapassaram a esfera da religião e se relacionaram com a geopolítica e o destino do mundo. É a aparição mais divulgada no mundo todo.

Os encontros de Fátima com os três pastorinhos se deram em um momento sombrio e de grande agitação em Portugal – na pós-revolução que pôs fim à monarquia, com perseguições à Igreja, templos fechados, matança de padres. Um período conturbado e sangrento igualmente no mundo, com a Primeira

ORIGENS DA DEVOÇÃO

Joshua Benoliel

As crianças videntes Lúcia, Francisco e Jacinta

O DESTINO DOS PASTORINHOS APÓS AS VISÕES

Os restos mortais de Santo Francisco e Santa Jacinta estão sepultados na Basílica do Santuário. O processo de canonização se deu após o reconhecimento de milagre que salvou a vida de uma criança brasileira, Lucas. Aos cinco anos, em março de 2013, ele caiu de uma altura de 6,5 metros e teve perda de tecido cerebral. Orações insistentes foram feitas pela família em conjunto com irmãs carmelitas pela intercessão de Francisco e Jacinta. O garoto ficou completamente curado. Segundo o Vaticano, a equipe médica consultada avaliou a cura como "inexplicável do ponto de vista científico". A terceira pastorinha, Lúcia, tornou-se freira carmelita e faleceu aos 97 anos, em 2005. Está sepultada junto dos primos. Sua canonização está em processo.

Guerra Mundial em curso fazia já três anos. Também em 1917, irrompe a Revolução Russa. Assim, o conturbado século XX prosseguiu numa sequência de eventos trágicos, como a Segunda Guerra Mundial e a explosão de regimes totalitários (nazismo e fascismo), com campos de concentração e genocídios; revoluções com uso de tortura e perseguições religiosas.

Em meio a essa balbúrdia geral, "uma senhora vestida toda de branco, mais brilhante que o Sol, espargindo luz mais clara e intensa que um copo de cristal cheio de água cristalina...", como descreveu a vidente Lúcia, apareceu em 13 de maio de 1917, no alto de uma azinheira, árvore abundante em Portugal, em uma pequena área da família chamada Cova da Iria, na freguesia de Fátima. Esse foi o primeiro dos seis encontros ocorridos ao longo de seis meses, entre maio e outubro de 1917. Lúcia era a única das três crianças que via, ouvia e falava com Nossa Senhora. Jacinta podia ver e ouvir, e Francisco tinha apenas a visão, não escutava Maria. Com exceção do mês de agosto, em que as crianças foram obrigadas a prestar depoimento no município de Ourém acerca das aparições, todas as visões ocorreram sempre no dia 13 de cada mês e no mesmo lugar, a Cova da Iria.

Registro do chamado Milagre do Sol, presenciado por uma multidão de pessoas, no qual, após uma tempestade, o sol apareceu bailando no céu; relatos descrevem curas milagrosas ocorridas no dia.

Entre todas as aparições reconhecidas pela Igreja, Fátima foi a que contou com mais testemunhas. As pessoas podiam se programar para estarem presentes no momento, já que a data era previamente anunciada por Nossa Senhora aos pequenos videntes, segundo contavam eles.

Na sexta e última aparição, havia uma multidão calculada entre 50 mil e 70 mil pessoas, as quais presenciaram o chamado Milagre do Sol, quando o astro protagonizou um bailado no céu. Depois de uma chuva torrencial, ele apareceu e passou a girar, como numa dança e com luzes multicolores. Os relatos da época fazem referência a várias curas milagrosas ocorridas entre os presentes. Nesse mesmo dia, Maria se apresentou às crianças como Nossa Senhora do Rosário (ver sobre a invocação no capítulo 6).

No terceiro encontro, Nossa Senhora teria feito três revelações e pedido às crianças que não as transmitissem a ninguém. A pressão foi grande; apesar disso, os segredos foram guardados.

Pouco tempo depois das seis aparições, o casal de irmãos morre, vítima do surto da gripe espanhola que assolou o país – Francisco em 1919 e Jacinta em 1920, conforme Maria já teria anunciado no seu segundo encontro com as crianças. Lúcia, escolhida para ser a disseminadora das mensagens ao mundo, colocou no papel todas as visões e os três segredos. O conteúdo do último dos mistérios passou sucessivamente pelas mãos de diferentes papas, que liam o texto e, sem comentários, mandavam de volta para o arquivo, gerando muita expectativa e especulações acerca da sua possível gravidade. O relato do fim do mundo era uma das apostas mais fortes em resposta a sua não divulgação por parte dos vários pontífices.

Apenas na passagem do segundo para o terceiro milênio, o derradeiro mistério foi revelado. O anúncio foi dado pelo papa João Paulo II no dia da beatificação dos irmãos e hoje santos Jacinta e Francisco, no Santuário de Fátima, em 13 de maio de 2000.

As três revelações são conhecidas também como o "Segredo de Fátima", dividido em três partes. Resumidamente, elas contêm uma descrição horripilante do inferno, como o lugar para onde vão os pecadores; a previsão do fim da Primeira Guerra Mundial, mas a possibilidade de uma segunda muito pior, com uma importante ressalva: a tragédia seria evitada se a Rússia fosse consagrada ao Imaculado Coração de Maria. Há ainda a narração da morte de um bispo vestido de branco, o que foi associado ao atentado sofrido por João Paulo II em 13 de maio (dia de Fátima, inclusive) de 1981, em Roma. O papa chegou a agradecer a Nossa Senhora por ter escapado do ataque: "Uma mão materna que guiou a trajetória da bala e o Santo Padre deteve-se no limiar da morte".

> "O apelo profético das mensagens é imenso, assim como foi intenso o seu uso político. Fátima foi tachada de anticomunista, antissoviética, pró-capitalista..."

AGRADECIMENTO DE JOÃO PAULO II APÓS ATENTADO EM 13/5/1981

"Venho hoje aqui porque exatamente neste mesmo dia do mês, no ano passado, se dava, na Praça de São Pedro, em Roma, o atentado à vida do papa, que misteriosamente coincidia com o aniversário da primeira aparição em Fátima, a qual se verificou a 13 de maio de 1917. Estas datas encontraram-se entre si de tal maneira, que me pareceu reconhecer nisso um chamamento especial para vir aqui. E eis que hoje aqui estou. Vim para agradecer à Divina Providência, neste lugar, que a Mãe de Deus parece ter escolhido de modo tão particular"

João Paulo II, 13 de maio de 1982

Ana Couto/Shutterstock.com

A ampla esplanada, de 30 mil metros quadrados, é o espaço de oração do Santuário e também onde ficam a Capelinha das Aparições (em primeiro plano, acima); o altar (foto à dir., em primeiro plano) e a Basílica de Nossa Senhora do Rosário de Fátima (foto à dir., ao fundo), local onde as três crianças brincavam no dia da primeira aparição, em 13 de maio de 1917

O apelo profético das mensagens é imenso, assim como foi intenso o seu uso político. Fátima foi tachada de anticomunista, antissoviética, pró-capitalista... Porém, mais interessante do que se embrenhar por esse intrincado imbróglio em busca da interpretação legítima do fenômeno é refletir sobre o seu sentido atual.

Em texto sobre o simbolismo dos segredos de Fátima, o então cardeal Joseph Ratzinger, ex-papa Bento XVI e papa emérito a partir de 28 de fevereiro de 2013, rebateu a visão profética das mensagens: "de um filme antecipado do futuro, do qual já nada se poderia mudar". O ex-papa traz uma abordagem mais abrangente e também positiva. Considerando a penitência como palavra-chave da terceira parte do segredo, ele afirma tratar-se, junto com a fé e a conversão, de uma resposta à urgência apresentada pelos tempos difíceis

da história, mostrados nas várias imagens. As visões "falam" de perigos, mas também de formas de se salvar deles, contra o caráter de previsão de um futuro preestabelecido e imutável. Ao contrário: "O seu sentido é mobilizar as forças da mudança para o bem", é "chamar em campo a liberdade e orientá-la numa direção positiva".

O fato de uma "mão materna" ter desviado a bala dirigida ao papa demonstra não haver destino imutável, que "a fé e a oração são forças que podem influir na história e que, em última análise, a oração é mais forte que as balas, a fé é mais poderosa que os exércitos", afirma o cardeal.

Ainda sobre o tema bélico das guerras e de balas, o projétil que quase matou João Paulo II foi oferecido pelo próprio papa ao bispo da diocese de Leiria-Fátima para ser guardado no Santuário. A bala foi incrustada na coroa da imagem da santa que se encontra na Capelinha das Aparições, o "coração" do Santuário, onde Nossa Senhora conversou cinco das seis vezes com os pastorinhos e pediu que fosse construída uma capela em sua homenagem. A coroa de ouro tem 2.650 pedras e foi confeccionada a partir de joias ofereci-

Sergio Azenha/Alamy/Fotoarena

Multidão de devotos lota a esplanada do Santuário durante visita do papa Bento XVI em 13 de maio de 2010

das por centenas de mulheres portuguesas para agradecer a não entrada de Portugal na Segunda Guerra Mundial.

Paz do coração x paz dos acordos

Uma questão básica esclarecida pelo cardeal: como entender a devoção ao Coração Imaculado como condição para evitar mais destruição numa segunda guerra? Na linguagem da Bíblia (e não apenas nela), o coração representa o "centro da existência humana, onde a pessoa encontra sua unidade e orientação interior". Devoção a ele, portanto, significa aproximar-se dessa atitude do coração, que – pela lente do cristianismo – chega à perfeita unidade interior a partir de Deus.

O teólogo e mariólogo Clodovis Boff resume a grande mensagem de Fátima no conceito de paz. Não a paz precária, externa, dos acordos, de acertos políticos. Mas a paz que parte de uma decisão interna. Num mundo de fundamentalismos e intolerâncias crescentes, o significado mais do que atual dessa invocação refere-se à convivência pacífica com o diverso, a aceitação das diferenças em todos os níveis, como credo, ideologia política e principalmente que emerge de uma escolha verdadeira, do coração.

LUGAR DE DEVOÇÃO

trabantos/Shutterstock

PRIMEIRA CAPELA É ALMA DO SANTUÁRIO

A essência do Santuário e seus generosos 75 mil metros quadrados, que abarcam duas basílicas, uma megaesplanada, estátuas, praças, entre outros espaços, é uma capelinha. A Capelinha dos Milagres foi construída a pedido da santa e no local, a Cova da Iria, onde ocorreram cinco das seis aparições de Nossa Senhora de Fátima, conforme relato dos três videntes. Erguida em 1919, dois anos depois sofreu um ataque com explosivos. Mas em 1923 já estava restaurada.

Já o grande alpendre em torno da capelinha nada tem a ver com a ermida primitiva, trata-se de uma inovação para deixá-la mais em destaque para os devotos que ali se reúnem. Do lado externo, há uma imagem de Fátima protegida por uma redoma de vidro à prova de bala. Está posicionada em cima de uma coluna de mármore, a qual marca o local exato da pequena azinheira (destruída pelo movimento de peregrinos) sobre a qual a santa apareceu para as crianças. A imagem, obra do português José Ferreira Thedim, mede 1,04 metro e foi esculpida em madeira de cedro brasileira. Aliás, o Brasil tem uma réplica da Capelinha das Aparições, a única no mundo e muito bem localizada. Na cidade maravilhosa, no Recreio dos Bandeirantes, bairro nobre do Rio de Janeiro, e administrada pela Associação Arquidiocesana Tarde de Maria.

RELIGIÃO PELA ARTE

J. L. Bulcão/Pulsar Imagens

IGREJINHA É CLÁSSICO DA ARQUITETURA MODERNA

Tudo encanta na Igrejinha, a história, a arquitetura, as pinturas. Igrejinha é como os brasilienses chamam a Igreja Nossa Senhora de Fátima, primeiro templo em alvenaria construído em Brasília, inaugurado antes da cidade. O projeto é de Oscar Niemeyer, inspirado no *design* do chapéu de freiras vicentinas. O painel de azulejos, que reveste a parede externa, foi a primeira obra de Athos Bulcão para a capital, segundo a Fundação Athos Bulcão. Também é sua única produção figurativa em azulejo, que traz uma pomba, representando o Espírito Santo, e uma estrela, em referência à Estrela de Belém. O interior continha afrescos de Alfredo Volpi. Foram destruídos, cobertos por tinta azul quatro anos após a conclusão da Igrejinha. Hoje há pinturas feitas pelo seu discípulo Francisco Galeno, que remetem à cultura popular e ao lúdico: o terço da Virgem é um carretel de linhas, as mãos são cobertas por uma pipa, e a coroa é decorada com flores. A linguagem causou polêmica. Em entrevista ao jornal *Correio Braziliense*, por ocasião dos sessenta anos da Igrejinha, Galeano se disse talvez predestinado: "Acho que estava desenhado que era para eu fazer a pintura. Eu sou católico, nasci em 13 de maio, dia de Nossa Senhora de Fátima, me chamo Francisco de Fátima Galeno. São esses mistérios que às vezes é melhor nem entender".

SABIA DESSA?

A TRADIÇÃO DO CORREIO DE NOSSA SENHORA

"Correio de Nossa Senhora" é o apelido da tradição de Fátima para a correspondência dos fiéis enviada à santa, lembrando a prática secular dos pedidos deixados no Muro das Lamentações, em Jerusalém. Segundo o Santuário, alguém lê e responde aos pedidos de oração dos devotos. Em 2016, foram quase 250 mil mensagens respondidas pelo Santuário. A tarefa cabe a um grupo de religiosas, Irmãs Oblatas Maria Virgem de Fátima, com sede na Itália.

As mensagens são depositadas pelos devotos na Capelinha das Aparições, próximo aos túmulos dos videntes, ou enviadas por e-mail. Além de pedidos de oração, elas contêm agradecimentos, desabafos e pedidos de intercessão. O arquivo do Santuário contabiliza, desde o início do século, 350 metros de estante contendo mais de 7,3 milhões de mensagens.

"ORAÇÃO A NOSSA SENHORA DE FÁTIMA"

Maria, nossa mãe amorosa,
que nos montes de Fátima
revelaste aos três pastorinhos
a mensagem do fim das guerras e dos conflitos,
concede-nos a paz, pessoal e comunitária.
E o fim da violência contra as mulheres,
os migrantes, os pobres
e todos os que sofrem discriminação.
Tu que revelaste às crianças os segredos de Deus,
dá-nos um coração de criança, que se encanta com a vida.
Tu que pediste insistentemente a conversão,
Ajuda-nos a realizar as mudanças necessárias,
que nos purificam e nos transformam .
Senhora de Fátima, roga por nós.

Afonso Murad, irmão marista e teólogo

14

NOSSA SENHORA DO PERPÉTUO SOCORRO

14

NOSSA SENHORA DO PERPÉTUO SOCORRO

O PODER DE TRANSCENDÊNCIA DE UMA PINTURA

A cena de Maria com o Menino Jesus no colo assustado é representada em um quadro considerado milagroso. O percurso do ícone da Grécia a Roma é longo e rico em história.

O culto a imagens sagradas, representadas por figuras de homens e mulheres, como é o caso das esculturas dos santos, pode parecer estranho aos céticos e mesmo a muitos religiosos. O que dizer então da veneração de um quadro, figura plana tão distante do nosso mundo tridimensional? Esse é o surpreendente caso de um dos mais populares títulos de Maria, Nossa Senhora do Perpétuo Socorro, cuja representação é uma pintura bizantina, de 53 cm x 43 cm, reputada como milagrosa desde a Grécia do século XV.

Reproduções dessa imagem estão hoje espalhadas por todo o mundo, suspensas no altar das igrejas consagradas à santa. A peça original encontra-se em Roma, na Igreja Santo Afonso de Ligório. Nossa Senhora olha firme para o espectador, com um semblante muito triste. No braço esquerdo, segura o Menino Jesus, que agarra a sua mão e tem uma das sandalinhas caindo do pé, como quem pulou às pressas no colo da mãe. A expressão da criança é de assustada com o que vê ao redor: dois anjos, Gabriel e Miguel, ladeiam Maria, segurando os instrumentos do seu futuro martírio – a cruz e a lança com uma esponja ensopada em vinagre na ponta. Essa é a imagem da pintura, na

LUGAR DE DEVOÇÃO

SOCORRO PERPÉTUO PELO MUNDO AFORA

Milhares de reproduções do ícone bizantino de Nossa Senhora do Perpétuo Socorro estão espalhados por igrejas em todo o mundo: do templo filipino que nunca fecha, além de o maior do mundo dedicado à santa, a igrejas na Cracóvia (Polônia), Cingapura e Campos dos Goytacazes (Rio de Janeiro).

No Brasil, duas igrejas são particularmente privilegiadas por suas obras de arte. Uma delas é a paróquia dedicada à santa no bairro do Jardim Paulistano, em São Paulo, que dispõe de um fabuloso conjunto de pinturas murais de cerca de trezentos metros quadrados e 196 personagens. No centro, a imagem da santa com o Menino Jesus no colo é ladeada pelos evangelistas e santos padroeiros. A obra foi feita, entre 1957 e 1964, pelo importante artista Samson Flexor, da Moldávia, considerado um dos introdutores do abstracionismo no Brasil, como informa a Enciclopédia Itaú Cultural.

O outro templo é carioca e fica no bairro do Grajaú, zona norte da cidade. Impressiona pelo trabalho monumental de pinturas por toda a igreja. Só nas laterais inferiores, há catorze quadros representando a Via Sacra. O trabalho, da década de 1950, é de autoria do pintor e ilustrador italiano Antonio Maria Nardi.

verdade, um ícone, forma antiquíssima de representação religiosa.

Sua história, segundo a tradição, começa numa igreja na ilha grega de Creta, onde ocorriam inúmeros milagres e o ícone era venerado pelo povo cristão. Estudiosos afirmam tratar-se de uma reprodução grega de uma pintura atribuída a São Lucas, o Evangelista, considerado o primeiro iconógrafo – aquele que escreve (grafa) imagens (ícones) – mariano.

No final do século XV, a peça é roubada por um comerciante italiano e levada para Roma. Durante a viagem, o ladrão e os marinheiros só não sucumbiram a uma violenta tempestade em alto-mar porque rezaram diante do ícone, pedindo socorro divino. Em Roma, o comerciante adoece e, à beira da morte, faz seu último pedido a um amigo: conduzir o quadro a um templo para ser devidamente venerado. A história nesse ponto inclui a mulher do amigo como um empecilho para o cumprimento da promessa feita ao moribundo. Após a morte também do amigo, Nossa Senhora teria aparecido à filha deste para conseguir junto à mãe e à avó que o ícone fosse entregue aos frades agostinianos, responsáveis pela Igreja de São Mateus, situada entre as basílicas de Santa Maria Maior (primeira igreja do Ocidente dedicada ao culto de Maria) e de São

João de Latrão (atual catedral do papa, como bispo de Roma).

No dia 27 de março de 1499, a imagem é entronizada na Igreja de São Mateus e, durante a procissão, uma mulher paralisada de um braço teria sido curada no contato com o ícone. A pintura sagrada foi venerada por mais de trezentos anos nessa igreja romana, até o templo ser quase totalmente destruído pelo exército de Napoleão Bonaparte, em 1798.

Boa parte dos agostinianos se transferiu para a igreja vizinha, Santa Maria in Posterula, e levou junto a imagem de Perpétuo Socorro. Como Nossa Senhora das Graças era venerada naquele templo, o ícone foi colocado na capela interna do monastério. Ali, só não caiu no total esquecimento graças a um dos frades agostinianos vindos de São Mateus, o Irmão Agostinho Orsetti. Ao jovem coroinha que o ajudava na missa, chamado Michele Marchi, irmão Orsetti alertou sobre o tesouro que aquela imagem representava, venerada imensamente por séculos sob a invocação de Nossa Senhora do Perpétuo Socorro. Muito mais tarde, o já sacerdote padre Michele Marchi escreveria:

> "Este bom Irmão costumava me falar com um certo ar de mistério e ansiedade, especialmente durante os anos 1850 e 1851, estas exatas palavras: 'Veja bem, meu filho, você sabe que a imagem da Virgem de São Mateus está lá em cima na capela: nunca se esqueça dela, entende? É um quadro milagroso'. Naquele tempo o Irmão estava quase totalmente cego. O que eu posso dizer a respeito do venerável quadro da Virgem de São Mateus, também chamada Perpétuo Socorro, é que desde a minha infância até quando entrei na Congregação redentorista sempre o vi acima do altar da capela doméstica dos padres agostinianos da Província irlandesa em Santa Maria in Posterula, não havia devoção a ele, nem enfeite, nem sequer uma lâmpada para reconhecer a sua presença, ficava coberto de poeira e praticamente abandonado."

Irmão Agostinho Orsetti morreu aos 86 anos, em 1853. Dois anos depois, os missionários redentoristas, por uma feliz coincidência, ou ação divina, constroem no mesmo lugar da antiga Igreja de São Mateus um templo dedicado ao fundador da Congregação do Santíssimo Redentor – Santo Afonso de Ligório (1696-1787). No final do mesmo ano, 1855, aquele jovem coroinha amigo do padre agostiniano, Michele Marchi, inicia ali seu noviciado.

O passado da nova propriedade começava, então, a despontar. Durante um sermão, um padre jesuíta de nome Francesco Blosi comentou a respeito de um ícone de Maria que havia na Igreja de São Mateus. Posteriormente, os redentoristas descobriram, a partir de escritos sobre as antiguidades roma-

Livioandronico2013

Rabanus Flavus

O ícone original, produzido em Creta no século XVI, encontra-se no altar-mor (acima) da Igreja Santo Afonso de Ligório, em Roma; à esq., a fachada do templo de arquitetura neogótica, construído no século XIX

nas, referências à Igreja de São Mateus, situada onde se encontrava a área do jardim da Congregação. Também havia uma citação sobre um antigo ícone de Maria famoso pelos milagres. Padre Marchi então contou o que havia escutado do irmão Orsetti quando era um jovem coroinha e revelou saber exatamente onde se encontrava a histórica imagem.

O retorno do ícone

Em 1865, após solicitação da Congregação do Santíssimo Redentor, o papa Pio IX intervém pessoalmente junto aos agostinianos para que o ícone seja entregue aos redentoristas, retornando assim ao lugar desejado por Maria, como dizia a tradição, e onde foi venerado por mais de três séculos.

Um ano depois, o povo levou a imagem em procissão solene pelas ruas de Roma para ser entronizada na Igreja de Santo Afonso de Ligório, também conhecida como Santuário de Nossa Senhora do Perpétuo Socorro. Na ocasão, o papa encarregou os redentoristas de tornarem o ícone conhecido no mundo todo. Desde então, a tarefa é cumprida com primor, como veremos a seguir.

No Brasil, os missionários redentoristas chegaram na cidade de Curitiba em 1960 e ali construíram um templo dedicado a Nossa Senhora do Perpétuo Socorro, que hoje detém *status* de Santuário. Difundiram o que pode ser considerado, segundo a Arquidiocese de Curitiba, um patrimônio cultural da cidade: há pelo menos cinquenta anos, são rezadas novenas em honra à santa toda semana, às quartas-feiras. São dezessete novenas com missas celebradas de hora em hora no Santuário e em outros mais de cem pontos da cidade, como hospitais, capelas e asilos. Pelo templo, passam cerca de 2 milhões de fiéis por ano.

“São dezessete novenas com missas celebradas de hora em hora no Santuário e em outros mais de cem pontos da cidade, como hospitais, capelas e asilos.”

As chamadas novenas perpétuas, porque rezadas o ano todo em um dia fixo da semana, são uma tradição em várias outras cidades do país, como Goiânia, onde os redentoristas aportaram vindos da Alemanha em 1894. A Matriz e Santuário dedicado a Perpétuo Socorro é um grande centro de devoção. No dia das novenas, às terças-feiras, tudo se transforma. Segundo o site do Santuário: “O comércio próximo à Matriz se modifica, o trânsito se modifica, o rosto das pessoas se modifica e a alma se modifica mais ainda”.

No Mato Grosso do Sul, os religiosos vieram dos Estados Unidos, da cidade de Baltimore, para a missão em Aquidauana, no ano de 1930. A paróquia em Campo Grande, hoje Santuário, foi inaugurada em 1941 e suas dezoito novenas são celebradas todas as quartas-feiras do ano.

Templo-fenômeno nas Filipinas

Em um dos países mais católicos do Oriente, as Filipinas, terra do *pueblo amante de Maria* ou *bayang sumisinta kay*, como se diz por lá em espanhol e filipino, respectivamente,

Símbolos do ícone sagrado

❶ Em um fundo dourado – o ouro não enferruja, simboliza a eternidade –, Maria segura o Menino Jesus sentado sobre a sua mão esquerda.

❷ O arcanjo Miguel, indicado pela inscrição acima dele, segura a urna com vinagre oferecida pelos soldados a Cristo na cruz, a lança que transpassou o lado do seu corpo e a vara munida da esponja.

❸ O Menino Jesus tem o tamanho de uma criança de colo, mas seu rosto é de um garoto mais velho, característica dos ícones bizantinos de não produzirem retratos realistas.

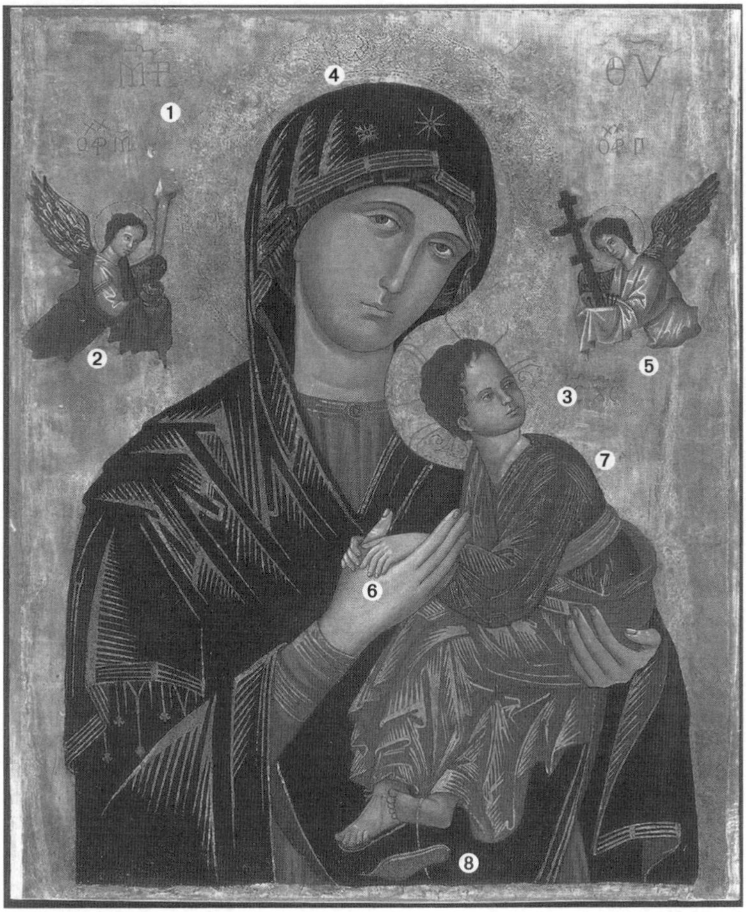

LimosaCorel

❹ Nossa Senhora tem a cabeça e os ombros cobertos por uma capa azul, cor do céu e símbolo de fé. A túnica é vermelha, cor de sangue e símbolo do amor.

❺ O arcanjo Gabriel, indicado pela inscrição acima dele, segura a cruz e os pregos, instrumentos da morte de Cristo.

❻ Com as duas mãozinhas, o menino segura a mão direita da mãe enquanto olha assustado com o que vê ao redor, o seu futuro sofrimento.

❽ Assustado, o Menino Jesus é amparado e protegido pela mãe. O símbolo do medo é representado pela sandalinha solta, como se, ao pular no colo da mãe, ela tivesse escorregado. Ou ele teria crispado os pezinhos de medo, fazendo a tira da sandália desamarrar.

❼ Cristo usa uma túnica verde, a cor do mar e do oceano profundo, simbolizando a sua natureza divina e infinita. A capa marrom, da cor de terra, simboliza a sua natureza humana.

o Santuário de Nossa Senhora do Perpétuo Socorro oferece atendimento perpétuo: nunca fecha, funciona 24 horas nos sete dias da semana. O templo-fenômeno tem capacidade para 2 mil pessoas sentadas e outras 9 mil em pé. Todas as quartas-feiras, cerca de 120 mil devotos comparecem para rezar a novena no templo em Baclaran, na cidade de Parañaque.

Ver a presença na aparência

> A mesma história de Bernadette e a Virgem de Cambrai é contada por Jean-Luc Godard no filme Nossa música (2004). Ao final, o diretor conclui a respeito do ícone: 'Sem movimento, sem profundidade, nenhuma ilusão. O sagrado'.

Se venerar um quadro pode parecer estranho, como citado no início do texto, depois desse passeio pela sua história, o que se revela mais intrigante é a força do ícone em atrair, enlevar e arrebatar multidões ao longo de séculos, tanto no mundo ocidental como no oriental. O assunto não é simples, mas misterioso e fascinante.

O francês Jean-Yves 'Leloup', escritor, filósofo e padre ortodoxo, começa o seu livro *O ícone: uma escola do olhar* com um diálogo entre Pablo Picasso e André Malraux, questionando justamente o sentido do ícone. O pintor espanhol e o escritor francês, respectivamente, conversam sobre a vidente francesa Bernadette, que, após ter a visão de Nossa Senhora na cidade de Lourdes (ver capítulo 15), recebeu de um bispo um álbum com reproduções de pinturas realistas de Maria, entre as mais conhecidas, para que ela identificasse a imagem de Lourdes. Mas Bernadette dizia não a todas. Até que, ao acaso, surge entre as páginas a Virgem de Cambrai. Com os olhos arregalados, a camponesa se ajoelha e diz: "É esta, monsenhor". A Virgem de Cambrai é um ícone, o que aquela camponesa adolescente jamais havia visto. Segundo o autor, só essa imagem poderia lembrar a Bernadette a beleza da "Senhora", como ela se referia à aparição.

O ícone não permanece na esfera do gosto e da emoção, ele

se situa em um território diferente. É pintado segundo uma técnica particular, com um sistema de cores, símbolos e a chamada perspectiva invertida, cuja função é de abertura à transcendência, como uma porta para chegar além do que se vê. "O ícone ensina a ver o invisível que está no visível e a presença na aparência", escreve Leloup. E mais:

> "O ícone não descreve uma história (a dos diferentes momentos da vida de Cristo e dos Santos), mas relata tal história interpretando-a, simbolizando-a, transfigurando-a. Ele nos diz menos sobre o que realmente aconteceu do que sobre o que acontece realmente com aquele que se deixa informar, estruturar, habitar pela imagem que se lhe apresenta... O ícone é um anjo: mais que uma mensagem, é um mensageiro."

A mesma história de Bernadette e a Virgem de Cambrai é contada por Jean-Luc Godard no filme *Nossa música* (2004). Ao final, o diretor conclui a respeito do ícone: "Sem movimento, sem profundidade, nenhuma ilusão. O sagrado".

Na representação mariana dos ícones, existem algumas matrizes. Nossa Senhora do Perpétuo Socorro pertence à chamada Hodigítria, que em grego significa "aquela que indica o caminho". Na imagem, suas mãos apontam para Jesus (o caminho); abertas, expressam a ajuda perpétua a todos que a buscam. Também lembra a capacidade do ser humano, como Maria, de proteger, ajudar e acudir quem precisa.

"ORAÇÃO A NOSSA SENHORA DO PERPÉTUO SOCORRO"

Ó Mãe do Perpétuo Socorro, nós vos suplicamos, com toda a força de nosso coração, amparar a cada um de nós em vosso colo materno, nos momentos de insegurança e sofrimento; que o vosso olhar esteja sempre atento para não nos deixar cair em tentação; que em vosso silêncio aprendamos a aquietar nosso coração e fazer a vontade do Pai. Intercedei junto ao Pai pela paz no mundo e em nossas famílias. Abençoai todos os vossos filhos e filhas enfermos.

Iluminai nossos governantes e representantes, para que sejam sempre servidores do grande povo de Deus. Concedei-nos ainda muitas e santas vocações religiosas, sacerdotais e missionárias para a maior difusão do reino de vosso Filho Jesus Cristo. Enfim, derramai nos corações dos vossos filhos e filhas a Vossa bênção de amor e misericórdia. Sede sempre o nosso Perpétuo Socorro na vida e principalmente na hora da morte.

Amém

Fonte: Santuário Nossa Senhora do Perpétuo Socorro, Curitiba, Paraná http://www.perpetuosocorro.org.br/nossa-senhora-do-perpetuo-socorro/≥

15

NOSSA SENHORA DE LOURDES

15

NOSSA SENHORA DE LOURDES

PODER DE CURA DE MALES FÍSICOS E ESPIRITUAIS

Lourdes, com suas dezoito aparições para uma jovem camponesa, reafirma o poder da graça da cura de doenças e também da peregrinação como santo remédio para o espírito.

Setenta e nove milagres em 162 anos parece um número pouco significativo. As curas não consideradas milagrosas, porém, ocorrem em números astronômicos, o que pode explicar os 3 milhões de peregrinos e visitantes anuais ao Santuário de Nossa Senhora de Lourdes, no sudoeste da França. Apenas entre os doentes ou com deficiência física ou intelectual, o número de pessoas recebidas, com seus familiares e acompanhantes, alcança os 80 mil.

Os fiéis chegam em cadeira de rodas, andador, com diagnóstico de câncer, esclerose e até com hora marcada para fazer diálise no próprio Santuário, dotado de uma superestrutura de acolhimento. Vários deles retornam no ano seguinte com a doença, mas voltam porque outras curas se revelam na vida de um peregrino – curas do coração, de ordem psíquica e também espiritual, e isso os leva a conduzir a vida com mais qualidade.

Desde a aparição de Nossa Senhora em Lourdes, em 1858, o Santuário tem registrados 7.300 dossiês de curas consideradas inexplicáveis do ponto de vista médico. Mas até o momento apenas setenta são reconhecidas como milagrosas, depois de terem passado pelo processo rigoroso de análise

LUGAR DE DEVOÇÃO

O PERCURSO DOS PEREGRINOS NO SANTUÁRIO DE LOURDES

No roteiro dos visitantes em um dos maiores centros de peregrinação católica do mundo, famoso como lugar de cura associada à água de sua fonte, a primeira visita é à gruta, onde Bernadette Soubirous ouviu da santa que ela fosse beber água da fonte e se lavar com ela. Após um momento de recolhimento, às margens do rio Gave de Pau, que corta o belo Santuário, o peregrino dirige-se às torneiras que dispensam água alimentada pela fonte. É tradição também passar para a margem contrária do rio para acender uma vela nas Capelas de Luz. O Santuário possui mais de uma dezena de capelas e igrejas, além de três basílicas. Voltando ao circuito da fonte, há também banheiras, conhecidas como piscinas, para uma imersão na água proveniente da nascente. Em todas as áreas é comum encontrar muitas pessoas doentes, cadeirantes ou com outras deficiências. Às vezes, acompanhados por voluntários do Santuário. A estrutura de acolhimento especial a esses peregrinos começa já no aeroporto.

A água de Lourdes não é benta nem milagrosa, mas uma água comum, informa o Santuário. Como disse Bernadette: "Esta água não teria virtude sem fé".

realizada pelo Bureau de Constatações Médicas de Lourdes e, posteriormente, confirmadas pelo Comitê Médico Internacional de Lourdes.

A jovem camponesa Bernadette, a vidente para quem Maria teria aparecido dezoito vezes, tinha a saúde muito frágil, uma asma severa agravada pelas condições miseráveis de vida que enfrentou com sua família depois que o pai, dono de um moinho em Lourdes, na região montanhosa dos Pirineus, perdeu tudo e ficou na miséria. Até os dez anos, Bernadette, a mais velha dos quatro filhos de Louise e François Soubirous, teve uma infância feliz. Em 1854, porém, com o advento da industrialização, os moinhos de água perderam sua utilidade, os negócios dos Soubirous começaram a ruir e o casal teve que buscar outras fontes de renda para sobreviver.

Louise e François passaram a realizar trabalhos braçais. Foram obrigados a mudar de casa algumas vezes, sempre para espaços cada vez mais baratos e menores. Em 1855, uma epidemia de cólera se alastrou pela cidade, e a saúde de Bernadette foi ainda mais afetada. Na miséria, o casal e os quatro filhos tiveram que se abrigar em um único cômodo, sombrio e insalubre – o chamado *cachot*, masmorra em francês –, da antiga prisão da cidade.

Bernadette não conhecia nada de catecismo, mas sabia o Pai-Nosso e a Ave-Maria e andava sempre com o rosário no bolso. No dia 11 de fevereiro de 1858, a adolescente de catorze anos saiu de casa com a irmã e uma amiga para buscar lenha. No caminho, parou próximo a uma gruta para tirar as meias e os sapatos e atravessar o rio. Ali, teve início a primeira de uma vasta série de aparições de Nossa Senhora, ocorridas em intervalos curtos, às vezes até em dias seguidos, entre os meses de fevereiro e julho. A notícia das visões se espalhou pela cidade. Cada vez mais pessoas se reuniam alvoroçadas em torno da jovem na referida gruta, a Massabielle.

> "Com receios de perder o controle sobre a ordem pública, a polícia interditou algumas vezes o caminho para a gruta. Houve protestos, inclusive do imperador – no caso, em favor dos devotos. Napoleão III ordenou a retirada das barricadas e a liberação do acesso ao local tido como milagroso."

Ao longo de dezoito encontros, segundo narrativa da jovem vidente, Maria pediu que ela bebesse água da fonte, se lavasse com ela, fizesse penitência, rezasse pelos pecadores e comunicasse aos padres seu desejo de que fossem em procissão até a gruta e construíssem uma capela no local.

Os rumores de curas milagrosas operadas pela água da fonte atraíram ao local uma crescente multidão. As autoridades (polícia e Igreja) ficaram perturbadas com o burburinho. Interrogaram Bernadette Soubirous várias vezes para saber detalhes sobre como se davam os eventos da aparição e sempre de forma nada amistosa, chegando até a ameaçá-la de prisão. Mas a garota não se intimidava, mantinha-se firme em meio às pressões vindas de todos os lados.

A escolha de Nossa Senhora por uma garota como ela, simples, pobre e analfabeta, significava um reconhecimento da sua dignidade humana, independentemente de posição social. Bernadette era inculta, mas inteligente, honesta e sincera, como escreveu seu principal biógrafo, Francis Trochu.

Já o padre exigia o nome da "senhora" – *la dame*, como a jovem sempre se referia à visão. No 16º encontro, Bernadette

SANTA IMAGEM

Spirit Stock/Shutterstock.com

MASSABIELLES MUNDO AFORA: DO BRONX AO SERTÃO DE PERNAMBUCO

Na igreja, na montanha ou no pátio da capela, os cenários das réplicas da gruta de Massabielle (foto acima) são vários, assim como os países onde se encontram. Uma reprodução nos Jardins do Vaticano não parece inusitada, e existe, claro. A própria França possui, e muitas, réplicas. Vale citar a charmosa Pequena Lourdes, na Normandia, construída por um negociante de vinhos, Jules Dubosq, pela cura de sua mulher durante estada no Santuário. E conforme a busca por réplicas prossegue, elas aparecem nas áreas mais inesperadas: Índia, China, Jordânia e até no icônico bairro do Bronx, em Nova York, Estados Unidos. O Brasil é pródigo em Massabielles, e algumas são inspiradoras. É o caso da pequena cidade de Solidão, no sertão pernambucano. Sua história começa com um bandeirante que se instalou debaixo de um pé de juá. Mais tarde, sua filha vendeu as terras para Jesuíno Pereira, homem religioso, que um dia convidou o padre da vizinha Afogados da Ingazeira para rezar uma missa em sua casa. Ao chegar, o padre soltou um "Que solidão!". Jesuíno desconhecia a palavra, e o padre explicou: um lugar deserto, isolado. E esse ficou o nome da cidade, cuja padroeira é Lourdes. Como fica no sopé da serra homônima, construíram uma escadaria, uma gruta e colocaram a imagem da santa, onde até hoje é venerada pelas graças.

Jacek/Kino.com.br

Réplica da gruta no belo Parque Ecoturístico São Luís de Tolosa (PR), onde existia um seminário franciscano

ouviu de Maria, no dialeto local do povo da região: *Que soy era Immaculada Councepciou* (Eu sou a Imaculada Conceição). A garota não tinha noção do que significavam essas palavras e emocionou o padre ao repetir a mensagem. Tratava-se de uma confirmação do dogma da Imaculada Conceição proclamado quatro anos antes pelo papa Pio IX (ver capítulo 10, sobre Nossa Senhora da Imaculdada Conceição).

Com receios de perder o controle sobre a ordem pública, a polícia interditou algumas vezes o caminho para a gruta. Houve chiadeira, inclusive do imperador – no caso, em favor dos devotos. Napoleão III ordenou a retirada das barricadas e a liberação do acesso ao local tido como milagroso. A família do próprio monarca já havia se beneficiado das propriedades curativas da fonte. O filho havia contraído uma insolação com risco de meningite e subitamente teria recuperado a saúde depois que a mãe, a imperatriz Maria Eugenia, borrifou uma porção da água na criança.

O destino da vidente

Bernadette virou uma celebridade, perseguida pelos *paparazzi* da época, peregrinos e curiosos de todos os cantos. Para fugir do assédio incessante e também refletir sobre seu destino, ela foi acolhida em um abrigo de Lourdes,

ORIGENS DA DEVOÇÃO

Santuário Bernadette Soubirous, Nevers, França.

NO ENCALÇO DA SANTA BERNADETTE

Transformada em celebridade – a garota vidente –, Bernadette Soubirous (foto ao lado) fugiu dos assédios e se escondeu junto às Irmãs da Caridade de Nevers e depois no convento da Congregação, onde viveu e morreu como freira. Agora, depois de santa, os seus "passos" são seguidos por hordas de turistas e peregrinos. Sua vida é tema do roteiro do turismo religioso em Lourdes. O Santuário oferece o programa "Os passos de Bernadette", explicado pelo escritório de turismo da cidade como "uma caminhada espiritual e histórica pelos lugares de vida da santa na cidade". O roteiro inclui a casa onde ela nasceu, em 1844, e viveu por dez anos; a masmorra onde a família, na miséria, se refugiou; a igreja que abriga a pia batismal de Bernadette, entre outros locais ligados de alguma maneira à sua vida. Um passeio inspirador é o seu santuário na comuna de Nevers, onde foi o antigo convento. A bela edificação do final do século XIX fica sobre uma colina voltada para o Loire. Compreende hospedagem, capelas e expõe o corpo intacto da santa em uma urna de vidro.

dirigido pelas Irmãs da Caridade de Nevers, onde passou a compartilhar, com as religiosas, o cotidiano de doentes, idosos e crianças pobres.

Passados oito anos, a jovem concluiu que o seu desejo era tornar-se freira da congregação, a qual, como afirmou na época, sempre a deixou livre para escolher o seu futuro, ao contrário de outras ordens que teriam insistido exacerbadamente para tê-la na comunidade.

Em julho de 1866, Bernadette viaja para o Convento Saint-Gildard, em Nevers, cidade distante setecentos quilômetros de Lourdes. No dia seguinte a sua chegada, conta pela última vez, para um grupo de trezentas irmãs, como foram as aparições de Nossa Senhora. Pouco tempo depois, ela veste o hábito religioso da Ordem.

Bernadette viveu treze anos no convento, dedicando-se aos doentes e à sacristia e enfrentando sofrimentos físicos terríveis em razão do constante agravamento do seu estado de saúde. Morreu aos 35 anos, em 16 de abril de 1879, acometida por um tumor no joelho e tuberculose.

Para o processo de beatificação e depois canonização, seu corpo foi exumado em 1909, 1919 e 1925. Nas três vezes, encontrou-se intacto, sem qualquer traço de decomposição. Pode ser visto hoje na capela do antigo Convento Saint-Gildard, atual santuário dedicado à Santa Bernadette Soubirous. O corpo está exposto em uma urna de vidro, vestido com o hábito negro da Ordem e o rosário nas mãos. Bernadette foi declarada santa em 1933, no dia da festa da Imaculada Conceição, 8 de dezembro.

O divino e a razão

Aparição de Maria e crise costumam andar juntas. Em geral, esses fenômenos prodigiosos surgem quando a sociedade enfrenta problemas críticos, seja no campo da política ou da moral. No caso do título de Lourdes, associado aos enfermos, o contexto social é o da oposição entre a religião e a ciência e a razão. Uma contraposição ao racionalismo do século XIX, que negava o transcendente. O fenômeno de Lourdes e suas curas representaram, assim, uma afirmação da graça divina e do poder sobrenatural.

Repetindo o que também é comum nas aparições reconhecidas pela Igreja, Maria se comunica em Lourdes com um perfil de pessoa oposto ao que a sociedade valoriza. Nem o sujeito rico, nem poderoso, nem sábio; mas a garota pobre, doente e analfabeta foi a escolhida para acessar o sagrado.

A FÉ PELOS PÉS

"A peregrinação é como uma longa oração efetuada pelo corpo. É um momento que nos damos de grande disponibilidade interior para o encontro: de si mesmo, dos outros, esperando, com todo o seu ser, aquele de Deus. A peregrinação é a fé pelos pés..."

Padre Jacques Nieuviarts, do Santuário de Lourdes, na França

"O que se passa no mais profundo da relação entre o peregrino e a Virgem é algo de impenetrável e que pertence ao pudor do místico e ao segredo dos dramas mais pessoais. Acontecem as confidências que não confessam senão à própria mãe."

De *Mariologia social*, do teólogo e frei Clodovis Boff

Sergio Foto/Shutterstock

Sergio Foto/Shutterstock

Torneiras alimentadas com água da Gruta das Aparições e associada a curas são disponibilizadas aos visitantes; a cada ano, são retirados 6 mil metros cúbicos de água; nas piscinas, ocorrem 350 mil banhos

Peregrinação e cura

Seja para Lourdes ou Santiago de Compostela, a peregrinação costuma operar nas pessoas transformações muito bem-vindas e, por vezes, profundas. É uma caminhada de grande densidade interior. Ainda que o romeiro não reze vocalmente, há muita expectativa, pois ele se preparou para aquilo, quer chegar lá. Se a peregrinação não dá cabo da doença, a cura muito provavelmente ocorre no plano espiritual, o que significa meio caminho andado. Hoje se sabe, inclusive com comprovação da ciência, que as práticas espirituais têm impacto significativo sobre a saúde.

O peregrino volta para casa diferente. Chega ao Santuário focado na própria doença, nos seus problemas; e sai com o pensamento na dor do outro e assumindo seu sofrimento com mais confiança. A crença na proteção de Maria fortalece o devoto para enfrentar e superar a enfermidade. Isso confirma, como escreve frei Clodovis Boff em seu *Mariologia social*, que a subjetividade é capaz de mudar a objetividade, "o espírito é a transcendência sobre o mundo".

RAIO X DOS MILAGRES DE LOURDES

Entre mais de 7 mil casos de curas declaradas ao Santuário desde as aparições de Nossa Senhora, setenta foram reconhecidas milagrosas pela Igreja. Sobre esses milagres:

* mais de 80% ocorreram em mulheres;
* o mais jovem miraculado tinha dois anos;
* os países de origem dos que receberam a graça são França (56), Itália (8), Bélgica (3), Alemanha (1), Áustria (1) e Suíça (1);
* a maioria das pessoas foi curada no contato com a água da fonte (50), e a maior parte delas nas piscinas do Santuário, abastecidas com a água da fonte.

AS ÚLTIMAS MIRACULADAS

* Irmã Bernadette Moriau, francesa. Milagre reconhecido em 2018.
* Danila Castelli, italiana de Bereguardo, aos 43 anos, em 4 de maio de 1989. Doença: hipertensão arterial com crises graves e recorrentes. Milagre reconhecido em 2013.
* Irmã Luigina Traverso, italiana de Novi Ligure, aos 30 anos, em 23 de julho de 1965. Doença: paralisia da perna esquerda. Milagre reconhecido em 2012.
* Anna Santaniello, italiana de Salerno, aos 41 anos, em 19 de agosto de 1952. Doença: insuficiência cardíaca devido a doença mitral após febre reumática. Milagre reconhecido em 2005.
* Jean-Pierre Bély , francês de La Couronne, aos 51 anos, em 9 de outubro de 1987. Doença: esclerose múltipla. Milagre reconhecido em 1999.

Fonte: Santuário Nossa Senhora de Lourdes

PHILIPIMAGE/Shutterstock

Basílica Nossa Senhora do Rosário, em estilo bizantino, no Santuário de Lourdes, na França

"ORAÇÃO A NOSSA SENHORA DE LOURDES"

Ó Virgem puríssima, Nossa Senhora de Lourdes,
que vos dignastes aparecer a Bernadette,
no lugar solitário de uma gruta,
para nos lembrar que é no sossego e recolhimento
que Deus nos fala e nós falamos com ele,
ajudai-nos a encontrar o sossego
e a paz da alma que nos ajude a conservar-nos
sempre unidos em Deus.
Nossa Senhora da gruta,
dai-me a graça que vos peço
e tanto preciso (pedir a graça).
Nossa Senhora de Lourdes,
rogai por nós.
Amém!

Fonte: Paróquia Nossa Senhora de Lourdes de Curitiba
http://www.santuariolourdes.com.br/oracao.htm

16

NOSSA SENHORA DA ASSUNÇÃO

(OU NOSSA SENHORA DA GLÓRIA)

16

NOSSA SENHORA DA ASSUNÇÃO

VIVA A VIDA ASSIM NA TERRA COMO NO CÉU

A crença da subida de Maria aos céus depois da sua morte é o tema dessa devoção, mas ela inspira o valorizar e o cuidar da nossa vida aqui mesmo, na Terra.

Jesus Cristo ressuscitou. Sua mãe, Maria, também. E a nossa ressurreição está igualmente garantida – ao menos segundo a Igreja Católica, e sempre por graça concedida por Cristo. Acredite ou não em vida após a morte, é certo que cuidar bem da nossa existência enquanto a temos por aqui, na Terra, é segurança de uma vida prazerosa.

A Bíblia não trata explicitamente desse evento. A Assunção (subida ao céu em corpo e alma após o fim da vida terrena) foi declarada um dogma da Igreja, ou seja, uma verdade de fé proferida por um concílio ou um papa, na qual o fiel deve crer (são quatro os dogmas da Virgem Maria e este é o último deles). Em tempos antiquíssimos, o tema já consistia em uma crença do povo, celebrada no Oriente – em Jerusalém no século V, porém, não se usava o termo assunção, mas dormição de Maria (ver capítulo 1, sobre Nossa Senhora da Boa Morte). Dois séculos depois, o dia 15 de agosto foi fixado no Ocidente como o dia de comemoração de Nossa Senhora da Assunção – que ocorre até hoje, também chamada por outros nomes, como Nossa Senhora da Glória, da Boa Viagem (em alusão à viagem desta vida para outra, no caso, o céu) e da Abadia.

RELIGIÃO PELO PODER

NAPOLEÃO ACHOU UM SANTO PARA CHAMAR DE SEU

O uso da religião para conquistar poder político não é exclusividade do mundo moderno. Do período da monarquia, é famoso o voto, em 1638, de Luís XIII, rei da França, consagrando a coroa, os súditos, ele próprio, enfim, o reino todo a Nossa Senhora da Assunção. A partir de então, a festa da santa, no 15 de agosto, passou a ser festejada com pompa pela monarquia. Mas a investida mais intrépida partiu do imperador Napoleão Bonaparte. Encontrou um santo para chamar de seu, São Napoleão, e se aproveitou do dia da Assunção para fortalecer seu poder. Numa época em que era comum batizar as crianças com nomes católicos, o nome dele foi questionado. Ouviu um arcebispo afirmar que desconhecia o nome daquele santo, ao que o pequeno Napoleão, contestando tal argumento, alegou haver uma multidão de santos e apenas 365 dias, segundo pesquisa de Raquel Stoiani para a sua dissertação de mestrado *Da Espada à águia: construção simbólica do poder e legitimação política de Napoleão Bonaparte*.

O fato é que em 1801 ele conseguiu do papa Pio VII que o dia da Assunção fosse também o do seu patrono, São Napoleão, um mártir egípcio.

Em 1° de maio de 1946, quase dois milênios depois que a Assunção era celebrada pelos devotos todo dia 15 de agosto, o papa Pio XII fez uma ampla consulta aos bispos de todo o mundo para ouvi-los sobre a conveniência de definir o dogma da Assunção corporal de Maria. O resultado foi quase unânime a favor.

Além deste dado e ainda o crescimento em quantidade e insistência de petições enviadas por fiéis pela sua definição; os vários estudos e investigações de universidades e congressos; a demonstração da fé dos devotos por meio de templos dedicados a Assunção e a veneração da sua imagem, o dogma foi proclamado por Pio XII, em 1950, por meio do documento *Munificentissimus Deus* (em português, o mais generoso Deus), que declarou: "...definimos ser dogma divinamente revelado que: a imaculada Mãe de Deus, a sempre Virgem Maria, terminado o curso da vida terrestre, foi assunta em corpo e alma à glória celestial".

Na Basílica de São Pedro, no Vaticano, na parte interna, à direita, do pórtico central, esse evento é registrado, como informa frei Clodovis Boff em seu livro *Mariologia social*, com a seguinte inscrição:

> "Aquilo que, com insistentes votos, o mundo católico esperava, trouxe-o 1º de novembro do Ano Santo de 1950, quando Pio XII, diante da multidão aclamante que enchia a Praça de São Pedro, declarou, com oráculo infalível, que a Virgem Maria Mãe de Deus foi elevada ao céu em corpo e alma."

Por menos plausível que tal tese possa parecer (o corpo e a alma de uma pessoa subindo rumo ao céu), o sentido desse título de Maria relaciona-se com um tema da vida concreta, a saúde do corpo e do espírito e, mais amplamente, a existência enquanto valor máximo. O dogma inspira o proteger e salvar a própria vida e também a dos demais, em especial os mais frágeis e indefesos ou discriminados – pobres, crianças, índios, idosos, negros, mulheres; e ainda as florestas, os animais, os rios, a atmosfera.

> "Por menos plausível que tal tese possa parecer (o corpo e a alma de uma pessoa subindo rumo ao céu), o sentido desse título de Maria relaciona-se com um tema da vida concreta."

Inspirado em Maria, um político, um policial ou um médico, por exemplo, pode desempenhar sua atividade valendo-se de virtudes características do feminino, do cuidar, do amparar, de uma abordagem mais holística, integradora das questões relacionadas à matéria e ao espírito.

O psiquiatra suíço Carl Gustav Jung viu na proclamação do dogma uma grande relevância simbólica: "Considero o acontecimento religioso mais importante depois da Reforma", escreveu em seu livro *Resposta a Jó*. E ainda identificou nele uma resposta para necessidades psíquicas da sociedade, como veremos mais à frente.

O Brasil foi agraciado com esse título mariano, a exemplo de quase todos, por Portugal, a chamada Terra de Santa Maria, o pequeno país que nos seus primórdios lutou muito para assegurar a independência, sempre invocando a proteção divina da Virgem Maria. O combate decisivo para a consolidação da nação portuguesa, por exemplo, foi a chamada batalha de Aljubarrota, em que o pequeno exército português enfrentou e venceu a investida do numeroso e ostensivo exército espanhol de Castela. Ela se deu justamente na véspera do dia de Nossa Senhora da Assunção, 14 de agosto de 1385.

Os cavaleiros portugueses faziam promessa a Nossa Senhora e o rei dom João I animava a tropa: "Em nome de Deus e da Virgem Maria, cujo dia de amanhã é, sejamos todos fortes e prestos", registra o historiador Augusto de Lima Júnior em *História de Nossa Senhora em Minas Gerais*. Na capital Lisboa, a multidão, ansiosa pelo resultado que poderia torná-la livre ou escrava dos castelhanos, "percorria as igrejas fazendo preces públicas, cantando a Salve-Rainha e, por ser véspera da Assunção, esmerava-se em louvar a mãe de Deus em sua Glória".

> Os cavaleiros portugueses faziam promessa a Nossa Senhora e o rei dom João I animava a tropa: 'Em nome de Deus e da Virgem Maria, cujo dia de amanhã é, sejamos todos fortes e prestos'.

Nos bastidores, o rei também orava, e isso se sabe pelo testamento do monarca, no qual ele revela a promessa feita caso Portugal triunfasse: "Porque nós prometemos no dia da batalha que houvemos com El Rei de Castela, de que Nosso Senhor nos deu vitória, de mandarmos fazer a honra da dita Senhora Santa Maria, cuja véspera então era, ali cerca de onde ela foi, um mosteiro", registra o historiador Lima Júnior.

O mosteiro prometido pelo rei é hoje Patrimônio da Humanidade declarado pela Unesco, além de considerado uma das sete maravilhas do país. Mais conhecido como Mosteiro da Batalha, oficialmente Mosteiro de Santa Maria da Vitória, a construção é uma obra-prima do estilo gótico tardio erguida ao longo de mais de 150 anos. Fica na vila da Batalha, distrito de Leiria, pertinho, cerca de vinte quilômetros, do Santuário de Fátima.

Ainda em agradecimento ao socorro de Maria, dom João I determinou que todas as catedrais do reino fossem consagradas a Nossa Senhora da Assunção. O Brasil Colônia ergueu várias.

Nossa Senhora da Glória era a devoção da família real no Brasil. Tanto que a primogênita de dom Pedro I com sua primeira mulher, dona Leopoldina, devota da santa, ganhou o nome de Maria da Glória. Em 1819, a garota, que viria a ser rainha de Portugal, dona Maria II, foi batizada na igreja de predileção da família, a de Nossa Senhora da Glória do Outeiro, no Rio de Janeiro. Depois disso, todos os membros da realeza foram batizados lá, como dom Pedro II e a princesa Isabel. A Igreja é uma joia colonial, um cartão-postal da cidade maravilhosa. Localizada no alto do morro, pode ser vista desde o Aterro do Flamengo.

Em São Paulo, poucos paulistanos sabem, mas a famosa Sé é oficialmente a Catedral Metropolitana Nossa Senhora da Assunção e São Paulo. Palco de importantes manifestações de massa no século XX – contra os crimes da ditadura militar, pelas eleições diretas para presidente, por melhores condições de vida –, é também, junto com sua praça, o marco zero da cidade, a partir do qual todas as distâncias são calculadas. Uma curiosidade: quem demarcou esse lugar para a construção da primeira versão da igreja, em taipa de pilão e nos primórdios (em 1591), foi um índio.

“Os números da Sé de São Paulo são homéricos: 111 metros de comprimento, 46 metros de largura e altura equivalente a um prédio de aproximadamente vinte andares, excluindo-se as torres.”

O cacique Tibiriçá foi o primeiro líder indígena convertido ao cristianismo por obra do padre José de Anchieta. Seu nome de batismo cristão bem podia ser a bela tradução do tupi: “Vigilante da Terra”, mas virou Martim Afonso, em homenagem ao fundador de São Vicente, Martin Afonso de Sousa. Tibiriçá está enterrado debaixo do altar-mor da Catedral da Sé, um dos maiores templos góticos do mundo.

Os números da Sé de São Paulo são homéricos: 111 metros de comprimento, 46 metros de largura e altura equivalente a um prédio de aproximadamente vinte andares, excluindo-se as torres, onde fica o maior carrilhão da América do Sul, com 61 sinos. O templo foi construído para ostentar a riqueza dos

SABIA DESSA?

Marcia Minillo/Olhar Minillo

PRECIOSIDADE NO SUBTERRÂNEO DA SÉ

Sob a Catedral da Sé, há uma capela valiosa. Datada de 1919, abriga trinta câmaras mortuárias, entre elas a do líder indígena Tibiriçá, importante nome ligado à fundação da cidade, o padre Bartolomeu de Gusmão, que inspirou um dos personagens de *Memorial do Convento*, de José Saramago, e o cardeal Paulo Evaristo Arns, além de inúmeros bispos. A cripta tem arquitetura exuberante, com piso de mármore preto e branco e teto de tijolos em forma de arcos no estilo gótico da catedral.

recursos materiais da metrópole e uma escola de arte. Mas faltou dinheiro para tudo isso. Também houve duas grandes guerras que atrapalharam as importações, como informa a Arquidiocese de São Paulo, atrasando bastante a obra. A construção teve início em 1912 e só foi entregue em 1954, como um presente de aniversário dos quatrocentos anos da cidade.

Seu órgão, confeccionado na Itália, é outro campeão sul-americano em dimensões: cinco teclados manuais e cerca de 12 mil tubos com relevos entalhados à mão, seguindo o estilo gótico.

No subterrâneo da catedral, há praticamente outra igreja, com área de 365 metros quadrados e trinta câmeras mortuárias. O cacique estreou o espaço do mausoléu, ocupado também pelos túmulos do padre Diogo Antônio Feijó, ex-

The Granger Collection/Fotoarena

O psiquiatra Carl Gustav Jung, para quem a proclamação do dogma teve grande relevância simbólica

-regente do Império e ex-ministro da Justiça, e por outros religiosos, entre eles o cardeal dom Paulo Evaristo Arns, um dos maiores símbolos da luta contra a ditadura e árduo defensor dos direitos humanos, sepultado ali em 2016.

O feminino chega à Trindade

Voltando à interpretação de Jung, com a proclamação do dogma, a Igreja "permitiu a existência de um fator feminino dentro do âmbito da Trindade, essencialmente masculina" (composta pelo Pai, o Filho e o Espírito Santo). Assim, a esfera celestial, até então dominada pelo masculino, é acrescida de um "elemento feminino, oposto, que representa o tipo da mãe", como explica Henryk Machon em *O cristianismo em C. G. Jung*.

A figura cristã do arquétipo materno (a mãe de Cristo) para Jung é uma resposta a necessidades psíquicas da sociedade de uma época em que o desenvolvimento da ciência natural e da técnica endeusa a matéria e destrona o espírito, resultando numa separação profunda entre as duas visões de mundo – materialista e espiritual. O dogma vem então criar uma ponte entre as duas dimensões, que são diferentes, mas integram o ser humano. Em *Os arquétipos e o inconsciente coletivo*, Jung escreve:

Mario Roberto Durán Ortiz

O foguete russo Sputnik foi a inspiração do projeto da Catedral dedicada à Nossa Senhora da Glória, que é cartão-postal da cidade de Maringá, no Paraná. A iniciativa partiu do então arcebispo dom Jaime Luiz Coelho, que encomendou o projeto ao arquiteto José Augusto Bellucci. Na forma de cone, o monumento tem 114 metros de altura e sua obra levou treze anos para ser concluída

> "Ela [a psicologia] considera a relação com a terra e a matéria uma qualidade inalienável do arquétipo materno. Quando uma figura condicionada por esse arquétipo é representada como sendo recebida no céu, isto é, no reino do espírito, isso indica uma união de terra e céu, isto é, de matéria e espírito."

Maria, portanto, representa a materialidade conciliada no universo celeste. Ela é uma mulher, tem um corpo, sexualidade, é mãe (de onde inclusive vem a palavra *mater*, matéria) e na Assunção ela é transcendida, mas continua matéria, ainda que não no espaço temporal. "É uma matéria cheia de espírito, de transcendência, de sacralidade", diz Clodovis Boff.

Que impacto isso tem na dureza do nosso dia a dia? A matéria dissociada

LUGAR DE DEVOÇÃO

A.PAES/Shutterstock

UMA GRUTA NO OUTEIRO DA GLÓRIA: ASSIM COMEÇOU A DEVOÇÃO NO RIO DE JANEIRO

Antes de ser Outeiro da Glória e exibir sua encantadora capela, o lugar chamava-se Morro do Leripe e possuía uma gruta natural, onde foi colocada uma imagem da santa. Em torno dela teve início a devoção à Nossa Senhora da Glória. A data era 1608. Quase setenta anos depois, em 1671, o português Antonio Caminha construiu ali a primeira ermida. Ficou célebre pelos milagres. "Todos os sabbados era immenso o concurso de povo que ali havia", descreve Milliet de Saint-Adolphe em seu *Diccionario geographico, historico e descriptivo do Imperio do Brazil*, de 1845. Com a morte de Caminha, o dono das terras, Cláudio Gurgel do Amaral, fez doação em escritura pública de 1699, desde que se construísse uma capela permanente. Em 1739, a igreja ficou pronta. Fez sucesso enorme com a família real. Dom Pedro II, inclusive, outorgou o título de "Imperial" à Irmandade de Nossa Senhora da Glória.

do espírito promove alienação e propicia uma vida mais obscura, sombria. Em termos concretos, resulta, por exemplo, numa tecnologia aplicada sem ética, para fins destrutivos ao homem ou à natureza. A materialidade do dinheiro enquanto moeda de troca não tem nada de nefasto, mas vira um "demônio" se usado como matéria-prima de corrupção, usurpando e lesando os outros...

O símbolo de Maria toda linda, num corpo de mulher, radiante, com uma coroa de rainha, o filho nos braços (iconografia de Nossa Senhora da Glória) e ainda celeste, divina, gloriosa é a síntese do encontro da matéria com o espírito. Essa unidade promete a possibilidade ao menos de uma existência terrena mais iluminada, apaziguando angústias existenciais do ser humano em relação ao sentido da vida e do fim dela.

"ORAÇÃO A NOSSA SENHORA DA ASSUNÇÃO"

Maria, síntese da unidade de corpo e alma,
que viveste com inteireza toda a existência.
Tu, transparência de Deus na carne humana,
mulher de Nazaré e de todos os recantos do planeta.
Terra fértil na qual Deus fecundou o humano.
Companheira de homens e mulheres que peregrinam neste mundo,
lutando pelos "melhores dos mundos",
de paz, cooperação e integração com todos os seres.
Hoje te vemos revestida de luz, juntinho de Jesus e tão perto de nós.
Olhando nos nossos olhos e confirmando: "Valeu a pena a caminhada!"
Fortalece nossa esperança, re(anima) nosso vigor.
Amém

Autor: Afonso Murad, irmão marista e teólogo

17

NOSSA SENHORA DE NAZARÉ

17

NOSSA SENHORA DE NAZARÉ

MARIA DA GALILEIA É RAINHA DA AMAZÔNIA

A jovem pobre, anônima, sofrida, mas forte e corajosa é venerada no Brasil há mais de duzentos anos com uma das maiores festas religiosas do mundo, o Círio de Nazaré.

Nossa Senhora aparece comumente na forma de uma mulher linda, às vezes como uma rainha, em vestes longas e esvoaçantes, sempre doce, maternal, acolhedora e falando na língua do seu interlocutor, seja francês ou asteca. É no plano do divino que ela habita. O título deste capítulo, porém, faz referência a outra fase da vida de Maria, a terrena, quando ela era conhecida simplesmente por Maria de Nazaré – um prenome feminino comuníssimo, seguido da denominação do seu lugar de origem, um vilarejo obscuro, sem história, escondido na zona rural da Galileia, em Israel.

Maria era uma mulher pobre, uma figura anônima do povo. Pelo que se sabe, filha de um casal de idosos, Ana e Joaquim. Deixou o anonimato a partir da sua entronização como escolhida por Deus para ser mãe de Jesus mantendo-se virgem, e proferida pela Igreja Católica como tendo sido isenta de pecado desde a sua concepção (por isso o título Imaculada Conceição; ver o capítulo 10). De toda maneira, e isso a própria Igreja reconhece, Maria mantinha particularidades bastante humanas, como medos, dúvidas, questionamentos de ordem existencial.

A Bíblia fala pouco da mãe de Jesus. Mas a partir de dados históricos

SABIA DESSA?

O QUE NÃO FALTA NO CÍRIO (ALÉM DA SANTA E DA CORDA)

Divulgação – Cartaz na porta da casa do devoto não pode faltar! É uma das tradições mais antigas da festa. O primeiro foi confeccionado em Portugal em 1826. Hoje, é produzido por uma agência de publicidade voluntária.

Cultura do miriti – Coloridos, levinhos e uma lindeza da arte popular brasileira que é a cara do Círio. Os famosos brinquedos de miriti são feitos com a fibra da palmeira buriti, que é muito leve. A planta vira barcos, cobras, jacarés, pássaros... peças inspiradas na fauna, flora e na festa do Círio.

Ex-votos – Coração, pulmão, rim, cabeças, pés ou uma criança inteira... Todos feitos em cera e levados na cabeça pelo devoto. No final da procissão, os objetos são depositados nos Carros de Promessas e seguem para o espaço Memória de Nazaré. Os mais inusitados são expostos ao público, ao lado de outros ícones da festa.

"É Círio outra vez" – Uma semana antes dos festejos, o aroma muito específico da maniçoba se espalha pela cidade. Daí é comum ouvir a expressão da boca do povo: "É Círio outra vez". A maniçoba, que exige sete dias de cozimento, é uma das iguarias do tradicional almoço.

culturais, sociais e também dos evangelhos, em que Maria aparece sempre em relação ao filho e à comunidade dos seus seguidores, os mariólogos conseguem desenhar um perfil da figura feminina mais famosa da história.

Pobre, sofredora e crente em Deus, mas também forte e corajosa. A começar pela gravidez. Quando estava prestes a realizar o maior sonho de toda judia da época, casar, ela recebe a visita de um anjo, Gabriel, anunciando que iria conceber e dar à luz o filho de Deus. Sem hesitar, ela pergunta assertivamente: "Como acontecerá isso se eu não conheço homem?". Ou seja: como acontecerá isso se eu não tive relação sexual com homem algum? Esse é o sentido simbólico do verbo "conhecer" no contexto.

O anjo explicou que o Espírito Santo desceria sobre ela. Maria confiou e se entregou com fé àquele projeto de Deus, como "serva do senhor", segundo o evangelho. José, por outro lado, pensou intimamente em cancelar seu projeto de casamento, mas um anjo lhe apareceu em sonho esclarecendo: "Maria terá um filho gerado pela intervenção divina, que salvará o povo dos seus pecados e deverá levar o nome de Jesus".

A aventura não foi fácil. Maria passou por todos os sofrimentos extre-

Dois grandes símbolos da emocionante e monumental procissão em honra à Rainha da Amazônia: a berlinda, andor envidraçado que leva a pequena imagem sagrada de Nazaré com o menino Jesus no colo, e a corda, onde um mar de fiéis seguram firmemente. São oitocentos metros de uma corda de sisal muito grossa, distribuídos metade para cada procissão, Trasladação e Círio. Nela, os devotos depositam sua esperança e gratidão pelas promessas alcançadas. No final, a corda é picotada e levada pelos devotos como símbolo de proteção.

mos ao lado do filho, sempre solidária a ele e suas ideias. Era a mãe do rejeitado, cuja própria família não levava a sério as suas palavras, a mãe do defensor dos fracos e perseguido pelos poderosos. Segundo Lucas, que entre os quatro evangelistas foi quem se aprofundou na essência de Maria, mais do que ser a mãe de Jesus, a importância dela está nas suas qualidades espirituais e humanas.

Dois mil anos atrás, Maria tratava o filho como uma mãe contemporânea, responsável e educadora. Quando Jesus, aos doze anos, sumiu por três dias no Templo, em Jerusalém, não teve mãozinha passada na cabeça. Levou uma reprimenda dos pais, ainda que estivesse no local dando um verdadeiro espetáculo de conhecimento e sabedoria aos anciãos. Da mesma forma, Maria passou pela hoje chamada síndrome do ninho vazio com muita resiliência. Em vez de tentar manter o filho debaixo da sua proteção, sob seu controle, ela entendeu e apoiou o desejo dele de partir para a vida e seguir seus ideais.

Lucas cunhou uma máxima que define o estilo de ser e viver de Maria de maneira profunda: "Maria guardava e meditava todas as coisas no coração" (Lucas 2,19-51). Ela vivia amorosamente, guardando no coração (o melhor lugar para não esquecer) o que via e ouvia (as palavras e as atitudes do filho)

Rosangela Aguiar/Keystone Brasil

e depois refletia em busca de sentido. É uma forma espiritualizada de viver, independentemente de religião, dar significado e unidade às variadas experiências da vida.

A Rainha da Amazônia

O culto a Nossa Senhora de Nazaré é uma herança portuguesa e aqui a santa é honrada com o nobre e poético título de "Rainha da Amazônia", além de padroeira do povo paraense. Há mais de duzentos anos, ela é reverenciada com uma das maiores procissões do mundo, o Círio de Nossa Senhora de Nazaré, que reúne anualmente em Belém, no Pará, cerca de 2 milhões de pessoas, mais do que a população da cidade. A "correspondência humana da pororoca", como foi definido o fluxo da multidão de romeiros no clássico estudo *Visão geo-social do Círio*, do geógrafo Eidorfe Moreira.

De proporções colossais, a festa dura quinze dias. Mais do que um evento religioso, trata-se de um fenômeno analisado sob o aspecto antropológico, sociológico, turístico e outros.

A data é tão relevante para o paraense que, assim como se deseja "Feliz Natal" em dezembro, em outubro se diz "Feliz Círio" ou "Um bom círio pra você". A festa inclusive é conhecida como Natal dos paraenses, e a padroeira, tão íntima, é chamada por devotos locais de tia Naza ou Nazica.

Os festejos levam o nome de Círio também em Portugal. O termo tem origem na palavra latina *cereus* (de cera), significando o mesmo que grande vela de cera. Em Portugal, os círios designavam os grupos de devotos que saíam em romaria para o Santuário de Nossa Senhora de Nazaré. Mais tarde, os círios levados pelos romeiros deram o nome à própria romaria.

O principal evento dos dias de festejos no Pará é a monumental procissão realizada no segundo domingo de outubro – o Círio. Antes e depois dessa data acontecem missas, folguedos e muitas homenagens à santa, além de várias romarias oficiais – a rodoviária, que segue com a santa para outro município; a fluvial pelas águas da Baía do Guajará, com a participação de centenas de barcos de todo tipo, de iates a canoas de ribeirinhos, em um percurso de dez horas náuticas e parada no Porto de Belém, onde Nossa Senhora é recebida com honras de Chefe de Estado pela polícia; a moto-romaria; a das crianças; a dos ciclistas; a dos corredores, e ainda a emocionante procissão chamada Trasladação, que, antecipando a celebração maior, acontece na noite de sábado. Os fiéis conduzem a imagem em procissão, fazendo o mesmo trajeto do Círio, mas em sentido inverso: da Capela do Colégio Gentil Bittencourt, próximo à Praça Santuário de Nazaré, até a Catedral da Sé. É uma procissão à luz de velas levadas pelos devotos.

> “O almoço é outro momento-chave da festa, que não é litúrgico, mas se relaciona com os valores que dão sentido a essa dimensão religiosa. É o momento de celebrar, além da santa, o encontro, a alegria, a solidariedade.”

O Círio de Nazaré é marcado por símbolos muito próprios. Os principais: a corda e a berlinda. A imagem nas procissões é levada na berlinda, um pequeno andor envidraçado, em estilo barroco e ricamente adornado com flores naturais. Já a corda, nos primórdios do Círio, servia para puxar a berlinda, que era transportada em carro de boi. Porém, em certos anos, havia dificuldade para passar na rua inundada por lama e água que transbordava da baía (na época não havia calçamento), na região do Mercado Ver-o-Peso. Daí surgiu a ideia, em 1855, de usar uma grande corda em volta da berlinda para que, em caso de atoleiro, os fiéis pudessem ajudar a puxá-la.

A corda perdeu essa função prática, mas o simbolismo é forte e cada vez mais intenso: um elo entre o fiel e a santa, uma espécie de rosário que representa a devoção e a fé do povo. Milhares de fiéis disputam um espaço para pegar na corda, a maioria como pagamento de promessas. Em 1982, a corda tinha cinquenta metros de extensão, hoje são cerca de quatrocentos metros para cada procissão (a trasladação e o Círio). Ao final, ela é cortada em pedacinhos e novamente disputada pelos romeiros.

O espetáculo litúrgico festivo do domingo conta com dezenas de carros alegóricos, os chamados Carros de Promessas, como o da Santíssima Trindade, dos Milagres (alegoria de episódios lendários sobre a origem da devoção) e o Carro dos Anjos, que inclui crianças trajadas de querubins, em geral pagando a promessa feita pelos pais. A procissão percorre cinco quilômetros, da Catedral da Sé à Praça Santuário de Nazaré, em frente à Basílica de Nazaré. Há foguetórios para saudar a santa, palcos com apresentações musicais e arquibancadas com espaço à venda para a plateia que pede conforto.

O complexo ritual possui alguns símbolos que são históricos. Um deles é o "arraial", o lugar da festa para se divertir e passear, com barracas de comidas e produtos típicos, como os brinquedos de miriti (animais, barcos e bonecos esculpidos à mão por artesãos), e ainda um parque de diversões. Uma tradição desde 1793.

O almoço é outro momento-chave da festa, que não é litúrgico, mas se relaciona com os valores que dão sentido a essa dimensão religiosa. É o momento de celebrar, além da santa, o encontro, a alegria, a solidariedade. O ritual da festa se prolonga nas casas, com a reunião das famílias após a passagem do Círio. Muitas vezes, é o único momento do ano para encontrar os parentes que moram em outra cidade. Nesse almoço, consolidam-se os vínculos e se compartilha uma mesa farta, onde a maniçoba (prato que leva carnes e é cozido por sete dias para tirar o ácido cianídrico, que é tóxico e letal, da folha da mandioca – a maniva) e o pato no tucupi (a ave é feita no caldo extraído da mandioca e leva uma folha – o jambu), como o peru (ou o chester) no 24 de dezembro, são obrigatórios nesse Natal paraense.

A origem do fenômeno

A imagem levada nas romarias do Círio é a versão peregrina, réplica da milagrosa, encontrada em 1700 num igarapé pelo caçador Plácido José de Souza. Ela permanece o ano inteiro exposta na Basílica de Nazaré, em Belém. Mede apenas 28 centímetros de altura e representa Maria segurando o Menino Jesus despido e com um globo nas mãos.

Segundo a história consagrada, quando viu a pequena estátua da santa entre pedras cobertas de trepadeiras às margens do igarapé Murutucu (área correspondente hoje aos fundos da Basílica de Nazaré), o caboclo Plácido imaginou que fosse de algum peregrino e levou a imagem para casa. No dia seguinte, ela havia sumido. Inexplicavelmente, retornou para o igarapé. O episódio assustador ocorreu mais de uma vez, e a notícia do fenômeno sobrenatural se espalhou pela cidade. A casa de Plácido ficava num local de parada de muitos viajantes, o que ajudou a imagem a se tornar rapidamente conhecida.

A essa altura, entrou em ação o governador e ordenou o envio da imagem para a capela do Palácio do Governo, onde passou a noite sob vigília da guarda para evitar que alguém entrasse ou saísse dali. A santa não apenas sumiu, como foi encontrada no local de sempre e apresentando sinais da longa caminhada pela estrada, empreendida com seus próprios meios: seu manto continha gotas de orvalho e carrapichos presos nele. Essa "façanha" deve ter provocado ainda mais êxtase no povo e fez Plácido entender os desejos da santa. Construiu, em 1720, uma pequena ermida para abrigar a imagem na sua simplória casa. No ano seguinte, consta que dom Bartolomeu do Pilar, bispo do Pará, teria visitado a ermida de Plácido e incentivado a devoção. A casa virou um lugar de culto, onde os fiéis chegavam com muletas, fotografias e braços, pés e cabeças de cera, entre outros ex-votos, em agradecimento às graças recebidas. Plácido construiu depois uma segunda ermida, de taipa, antes da atual Basílica Santuário, que começou a ser erguida já no século XX, em 1909, no lugar "preferido" da santa.

Conforme nota da publicação *Dossiê Iphan I – Círio de Nazaré*, do Instituto do Patrimônio Histórico e Artístico Nacional dedicado à celebração, existem documentos relativos à existência de Plácido José dos Santos.

Nazaré em Saquarema

Belém tem o maior Círio do país e quiçá do mundo, mas o estado do Rio de Janeiro tem o mais antigo. A devoção à Senhora de Nazaré no Brasil nasceu em Saquarema, a cidade conhecida como o Maracanã do surfe, cercada de belas praias e as melhores ondas para surfistas.

A narrativa paraense da imagem descoberta nas águas por um cidadão humilde se repete aqui. O caçador Plácidos, de Belém, em Saquarema é um pescador que, no dia 8 de setembro de 1630, após forte tempestade, saiu para conferir suas redes perto do mar quando visualizou uma forte luz no alto da colina. Ao se aproximar, encontrou uma imagem de Maria, deu-lhe o título de Nossa Senhora de Nazaré e a levou para a sua simplória casa. Ali começam a devoção e a proliferação de milagres. Entre os prodígios, estava o sumiço da imagem repetidas vezes rumo ao lugar onde originalmente foi achada. Depois de uma capela em honra à santa, foi necessária uma igreja maior para abrigar os devotos. Em 1837, a atual Igreja Matriz é inaugurada no outeiro à beira-mar,

LUGAR DE DEVOÇÃO

Plinio Lins Veas

TEMPLO BARROCO MINEIRO DOS MAIS BELOS

Uma das mais belas igrejas históricas de Minas Gerais não fica na capital nacional do barroco, Ouro Preto, mas pertinho, cerca de vinte quilômetros. Trata-se da Matriz de Nossa Senhora de Nazaré, em Cachoeira do Campo. Além da sua beleza, o templo foi testemunha de conflitos marcantes da história.

Datada da metade do século XVIII, seu interior possui cinco altares em talha dourada e pinturas do português Antônio Rodrigues Belo. Casos do forro abobadado da capela-mor, cujo tema é a Coroação da Virgem, e os painéis nas paredes, com representações da infância de Jesus e os quatro evangelistas. Quanto à história, testemunhou o ponto alto da Guerra dos Emboabas e a Revolta de Filipe dos Santos, o português que liderou o movimento contra a lógica de exploração da Coroa, terminou esquartejado, e sua prisão se deu defronte à Matriz.

debruçada sobre a orla da lagoa de Saquarema, no lugar onde a imagem milagrosa foi encontrada. Todo dia 8 de setembro, é trazida do alto da colina e levada em solene procissão pelas ruas da cidade.

Esculpida por José

Esse título de Nossa Senhora não só faz referência à vida terrena da mãe de Jesus como consta, em forma lendária, que a primeira imagem foi esculpida em madeira na Galileia por José, na presença da própria Maria de Nazaré. Posteriormente, a peça teria sido pintada por São Lucas, o Evangelista, considerado o primeiro iconógrafo mariano.

Diz ainda a tradição que, já no século IV, a imagem entalhada na Galileia, nos primeiros séculos do cristianismo, encontrava-se no Convento de Nazaré, de onde foi retirada por um monge grego e levada para a Espanha, onde permaneceu por muito tempo no Mosteiro de Cauliniana, sendo venerada como milagrosa. No século VIII, o famoso último rei dos godos na Península Ibérica, dom Rodrigo, se refugiou no referido mosteiro durante a violenta Batalha de Guadalete, em 711, em que os cristãos foram derrotados pelos mouros. Mais tarde, o nobre fugiu acompanhado de um monge do local, frei Romano, levando a imagem, para protegê-la dos infiéis. Chegaram em 714 ao Monte de São Bartolomeu, próximo da atual cidade de Nazaré, em Portugal. Ali, o monarca e o monge se separaram. O religioso levou a relíquia para um monte vizinho e construiu um pequeno nicho entre os rochedos para se abrigar. A imagem teria ficado ali esquecida por quatro séculos até o famoso milagre que salvou, no século XII, o nobre guerreiro português dom Fuas Roupinho.

> Em termos de comparação, o Círio é a correspondência humana da pororoca
>
> Do geógrafo Eidorfe Moreira, em *Visão geo-social do Círio* (Universidade Federal do Pará, 1971)

Era um dia de névoa, 14 de setembro de 1182, e o cavaleiro dom Fuas teria sido atraído para um abismo durante perseguição frenética a um veado. No momento em que o cavalo chegou ao pico do rochedo, prestes a despencar do precipício, o português teria evocado Nossa Senhora, lembrando-se da imagem existente ali perto. Imediatamente, o cavalo estacou e o homem se salvou. Em agradecimento, dom Fuas doou aquele território à Senhora de Nazaré e mandou construir ali uma capelinha, conhecida hoje como Ermida da Memória. Graciosa, virada para a praia, é atualmente aberta à visitação. Dois séculos depois, a ermida foi aumentada pelo rei dom Fernando, que ao mesmo tempo iniciou a construção do atual e majestoso Santuário na cidade batizada com o nome da santa, Nazaré.

O nobre guerreiro dom Fuas, agraciado com o famoso milagre, é uma figura associada a histórias lendárias. Não existe manuscrito que confirme sua existência nem a doação de terras atribuída a ele, segundo o historiador português Pedro Penteado, da Confraria de Nossa Senhora de Nazaré. Mas a fama do personagem cala fundo na alma dos portugueses, citado como herói em versos épicos de *Os lusíadas*, do poeta Luís Vaz de Camões.

Sobre o que há de verdade ou invenção nas narrativas da tradição, o sociólogo da religião e de nome inspirador, Moisés Espírito Santo, esclarece em texto do site da Confraria: "Os cultos populares não são criados por uma pessoa. Eles resultam de um acumulado de vivências que não foram escritas, mas transmitidas oralmente, até que eventualmente um escritor os descubra, revele e reinterprete, proporcionando assim a sua propagação".

"ORAÇÃO A NOSSA SENHORA DE NAZARÉ"

Ó Maria de Nazaré,
foste na Terra uma pessoa tão disponível
a ponto de dizer ao Anjo Gabriel:
"Eis aqui a servidora do Senhor!"
És bendita entre todas as mulheres,
a fim de que todas em ti se tornassem canais de bênçãos.
Por Deus foste escolhida, para exercer a sublime missão
de Mãe do Verbo Encarnado.
Por isso, como tu, louvo o Deus da vida,
que em ti fez maravilhas.
Quanto a mim,
sinto também que sou agraciado(a),
e agradeço a Deus por isso.
Peço-te a força e a sabedoria
para educar as novas gerações,
como tu educaste Jesus.
Aprendendo e ensinando,
saboreando os sinais de Deus no cotidiano.
Amém

Versão atualizada por Afonso Murad, irmão marista e teólogo

18

NOSSA SENHORA DO CARMO

18

NOSSA SENHORA DO CARMO

ELA É A FONTE DO FAMOSO ESCAPULÁRIO

Símbolo católico dos mais antigos, foi objeto de devoção especial de João Paulo II e inspirou poesia de Oswald de Andrade, depois musicada por Caetano. É um sinal da proteção de Maria.

No silêncio, no isolamento, na solidão. Vivendo em pequenas grutas espalhadas na encosta de montanhas e dedicadas à contemplação e à oração. Assim nasceu, por volta do século XII, a Ordem do Carmo, ou Irmãos da Bem-Aventurada Virgem Maria Mãe de Deus do Monte Carmelo, seu título oficial. Os religiosos viviam no Monte Carmelo, uma cadeia de montanhas na costa de Israel, entre o Mar Mediterrâneo e o Vale de Jizreel, de onde vem o nome carmelitas.

Esses antigos eremitas seguiam o modo de vida e a espiritualidade do profeta Elias (século IX a.C.), uma das grandes figuras do Antigo Testamento, e veneravam Maria, mãe de Jesus, dando origem ao título de Nossa Senhora do Carmo, ou Nossa Senhora do Monte Carmelo. Eram ex-cruzados do Ocidente, que lutaram na reconquista da Terra Santa, em poder dos muçulmanos desde o século VII. Perto da gruta onde o profeta Elias vivera, construíram um oratório dedicado à mãe de Jesus. “O Carmelo pode ser considerado a casa de Nossa Senhora, cada página da sua história está impregnada pela presença da Virgem”, escreve frei Patrício Sciadini, superior da Ordem Carmelita no Egito, em seu livro *Escapulário de Nossa Senhora do Carmo*.

ORIGENS DA DEVOÇÃO

QUEM FOI SÃO SIMÃO STOCK

Um inglês, que viveu no século XIII e frequentou a Universidade de Oxford, onde estudou teologia. Teria nascido no condado de Kent e morrido em Bordeaux, na França. Ainda jovem, teria optado por viver como um eremita, morando na cavidade de um tronco. Daí o nome Stock, o mesmo que tronco em inglês, como informa a Ordem dos Carmelitas de Portugal.

Segundo a tradição, o então frei Simão Stock, à época eleito coordenador-geral da Ordem do Carmelo, um devoto fervoroso e devotadíssimo à Nossa Senhora, foi quem recebeu da santa o escapulário, um dos símbolos mais propagados da Igreja Católica ao lado do rosário.

O sacerdote foi santificado. Sua existência histórica, porém, em uma determinada época chegou a ser desacreditada. Tanto que o dia de celebrar o santo – 16 de maio – foi extinto do calendário carmelitano, escreve frei Patricio Sciadini, sacerdote carmelita e autor de livros sobre a Ordem. Houve reação contrária, em especial das pessoas de língua inglesa, que acabaram provando, por meio de documentações, a real existência de São Simão Stock, e a efeméride então retornou ao calendário.

Com o tempo, o grupo cresceu e sentiu necessidade de se organizar e dispor de uma regra que orientasse a convivência segundo o seu propósito de vida. O patriarca de Jerusalém, Santo Alberto, a pedido dos carmelitas, formulou a norma de conduta, a qual foi batizada de Regra Albertina. Pobreza absoluta, meditação permanente da Bíblia e trabalho manual obrigatório integram as prescrições, escritas no início do século XII.

Em 1237, os rumos da Ordem dão uma guinada radical. Os muçulmanos insistem na posse da Terra Santa e na perseguição ferrenha aos cristãos, e os eremitas são obrigados a retornar para seus países de origem.

Em 1291, o mosteiro no Monte Carmelo foi incendiado e os últimos religiosos que restaram na montanha passaram por martírio.

A vida dos carmelitas que voltaram para a Europa não foi nada fácil, apesar de providencial. Tiveram que enfrentar uma guerra velada por parte de outras ordens religiosas, que temiam a perda de prestígio com a chegada dos novos religiosos. Cobrança de impostos insustentáveis fazia parte da política de hostilidade. Apesar da situação crítica, a congregação dos carmelitas crescia. Seu então coordenador-geral, Simão Stock, um grande devoto de Nossa

Senhora, empreendeu uma forte campanha junto à Ordem, ao céu e ao papa! Passou a pedir aos religiosos que rezassem noite e dia com o intuito de receber a graça divina da superação de tantas adversidades enfrentadas pelos carmelitas.

Stock não apenas estimulava todos como liderava a empreitada. O frei rezava insistentemente, com todo afinco, a Maria, clamando para que a santa enviasse um sinal de que suas preces seriam atendidas.

Um singelo poema é atribuído ao frei inglês como oração que ele costumava rezar:

Flor do Carmelo
vinha florida
esplendor do céu.
Virgem fecunda,
singular
Mãe sem par
Mãe sempre virgem
Ao Carmo vem dar
a tua ajuda.
Estrela do mar!

"'Escapulário' abre o livro *Pau-Brasil* (1925), ilustrado por Tarsila do Amaral, uma das mais importantes pintoras modernistas e mulher do escritor. Cinquenta anos depois, o poema foi musicado em ritmo de samba por Caetano Veloso."

Segundo a tradição, na noite de 15 ou 16 de julho de 1251, quando frei Stock proferia essa oração, o sinal divino foi dado: Nossa Senhora teria aparecido a ele e entregado o famoso escapulário marrom, objeto sagrado usado pelos carmelitas até hoje como parte integrante do hábito. É um dos símbolos mais antigos e, ao lado do rosário, mais difundidos da Igreja Católica. Mas há que se explicar que esse objeto não é o que conhecemos hoje como escapulário, ou bentinho, carregado no pescoço pelos fiéis, mas é o que deu origem a ele, como veremos a seguir.

Na aparição de Nossa Senhora, o futuro santo teria ouvido dela a seguinte mensagem:

> "Meu querido filho, recebe este escapulário para tua Ordem. Este é um sinal especial de privilégio que obtive para ti e para todos os filhos de Deus que me honrem como Nossa Senhora do Monte

> Carmelo. Aqueles que morrerem devotamente vestidos com este escapulário serão preservados do fogo eterno. O escapulário marrom é um sinal de proteção. O escapulário marrom é um escudo para o tempo de perigo. O escapulário marrom é uma promessa de paz e especial proteção até o fim dos tempos."

A ideia de escapar do fogo eterno era promissora, o que ajudou a divulgar rapidamente o escapulário, além de atribuir a ele poderes sobrenaturais. Chamada de "privilégio sabatino", a promessa indicava que, ao passar deste mundo para o outro com o escapulário no corpo, a pessoa seria dispensada do purgatório no sábado seguinte a sua morte e não amargaria as penas do inferno.

Sabe-se da existência de São Simão Stock, mas nada sobre a historicidade da visão e do privilégio sabatino, como escreve frei Sciadini em *O santo escapulário de Nossa Senhora do Carmo – fé ou superstição*. De todo modo, a relevância está no significado espiritual do escapulário, e não na percepção reduzida do objeto-amuleto, mágico, que dá sorte ou salva.

O espírito e a forma do escapulário

Escapulário é a designação da vestimenta de trabalho, uma espécie de avental usado por cima da túnica de frades e freiras para evitar sujá-la ou estragá-la durante os trabalhos. A palavra vem do latim *scapularium*, no sentido de que cobre as escápulas (o ombro). Peça que o frei Stock recebeu de Nossa Senhora.

Outras ordens já usavam essa vestimenta anteriormente, mas não passava de uma veste, uniforme de trabalho destituído do significado espiritual do escapulário, como explica o frei carmelita e sociólogo Paulo Gollarte. Religiosos de várias ordens inclusive ainda usam essa veste, como é o caso dos beneditinos. Na famosa Regra de São Bento, que desde o século VI rege a vida dos beneditinos no monastério, o capítulo 55, "Do vestuário e do calçado dos Irmãos", já estabelecia o uso de "um escapulário para o trabalho".

Depois da entrega da peça por Nossa Senhora, esta passou a ser parte integrante do hábito dos carmelitas. A peça consiste em uma faixa larga e comprida vestida por cima do hábito, com abertura para colocar pela cabeça e que se estende pela frente e por trás do corpo, chegando quase até os pés. É um símbolo do vínculo especial dos carmelitas com Maria.

Com o tempo, criou-se um escapulário miniaturizado para os devotos leigos como sinal de pertencimento à espiritualidade da Ordem. Compõe-se de dois pequenos pedaços de tecido de cor marrom, bentos e unidos por dois cordões, que caem sobre o peito e as costas. Pode ou não trazer a imagem de Nossa Senhora do Carmo de um lado e, do outro, o Sagrado Coração de Jesus ou o escudo da Ordem. O povo o chama afetuosamente de "bentinho".

Os símbolos nos tocam e nos afetam. Remetem ao intangível – memórias, emoções, experiências variadas, inclusive as que nos transcendem, a fé, a esperança... No catolicismo, o vinho, o pão, a cruz e o terço são símbolos que expressam conceitos ou realidades que não vemos nem tocamos. No caso do escapulário, ele representa o amor a Maria, a confiança nela e o compromisso de tê-la como um exemplo de vida, como alguém que se doou aos outros e ao seu filho, o Cristo.

Oração de Oswald de Andrade

O bentinho foi inspiração para o inquieto, polêmico e inovador Oswald de Andrade (1890-1954), um dos fundadores do Modernismo. "Escapulário" é o nome de um poema-oração concebido por Oswald a partir da clássica oração Pai-Nosso. O pedido ao senhor pelo "pão de cada dia" aqui se transforma em súplica por poesia, e a brasilidade do Pão de Açúcar, ícone da Cidade Maravilhosa, é enaltecida.

> Os títulos associados à defesa nacional se devem à crença na intercessão da santa em prol de causa nada desprezível: a batalha que garantiu a independência da nação.

"Escapulário" abre o livro *Pau-Brasil* (1925), ilustrado por artista Tarsila do Amaral, uma das mais importantes pintoras modernistas e mulher do escritor. Cinquenta anos depois, o poema foi musicado em ritmo de samba por Caetano Veloso, um dos líderes de outro movimento igualmente de ruptura e que sacudiu a cultura brasileira, o Tropicalismo.

"Escapulário"

No Pão de Açúcar
De Cada Dia
Dai-nos, Senhor
A Poesia
De Cada Dia

SANTA IMAGEM

silvaner/Shutterstock.com

CENA ICÔNICA DA DEVOÇÃO

Nossa Senhora do Carmo oferece o escapulário a S. Simão Stock é o título da escultura da foto ao lado e também descreve a representação iconográfica clássica desse título de Maria, padroeira da Ordem dos Carmelitas.

A escultura em mármore, do século XIX, é do escultor italiano Alfonso Bazico e encontra-se em Roma na bela Igreja Santa Maria da Vitória. Imperdível também no templo, que está relacionada à devoção à Nossa Senhora do Carmo e merece ser contemplada, é a obra-prima do italiano Bernini. O trabalho do artista barroco baseou-se na experiência mística da também carmelita Santa Teresa de Ávila, narrada em sua autobiografia.

A dramática escultura em mármore *Êxtase de Santa Teresa* representa a visão que a santa teve de um anjo cravando o seu coração com uma lança dourada. A obra expressa um êxtase intenso e uma entrega física e espiritual.

A padroeira de Pernambuco

A primeira igreja carmelita da América Latina fica em Olinda, Pernambuco, e tem Nossa Senhora do Carmo como sua padroeira – é a Igreja de Nossa Senhora do Carmo do Antigo Convento de Santo Antônio do Carmo de Olinda, também conhecida como Igreja do Carmo de Olinda.

A Ordem chegou de Portugal bem cedo, em 1580. Eram apenas quatro frades trazidos por uma expedição portuguesa encarregada de fundar uma colônia na Paraíba. Mas a missão foi um fracasso. Pegos por uma violenta tempestade que dispersou os barcos, os carmelitas foram obrigados a desembarcar no estado vizinho, Pernambuco. Instalaram-se então na ermida de Santo Antônio e São Gonçalo, na Vila de Olinda, e começaram a construção do convento. A partir de então, sucederam-se seus templos e conventos pelo país afora, como o de Salvador (BA), Santos (SP), Rio de Janeiro (RJ), São Paulo (SP), Mariana (MG), Ouro Preto (MG) e tantos outros, que hoje constituem algumas das construções mais belas e importantes do país sob o aspecto histórico-artístico.

La Generala

No Chile, Nossa Senhora do Carmo é prestigiadíssima, é a santa que protegeu a insurreição do país. Foi proclamada Rainha e Mãe do Chile e Padroeira e Generala das Forças Armadas. Também leva o nome mais ameno de Carmelita. Os títulos associados à defesa nacional se devem à crença na intercessão da santa em prol de causa nada desprezível: a batalha que garantiu a independência da nação. *En el mismo sitio donde se de la Batalla y se obtenga una victoria, se levantará un Santuario de la Virgen del Carmen, Patrona y Generala de los Ejércitos de Chile...*

> “No Chile, Nossa Senhora do Carmo é prestigiadíssima, é a santa que protegeu a insurreição do país. Foi proclamada Rainha e Mãe do Chile e Padroeira e Generala das Forças Armadas.”

Esta foi a promessa – erguer um templo em memória de Nossa Senhora do Carmo no lugar onde fosse para sempre conquistada a liberdade do Chile – feita por autoridades civis e religiosas e cidadãos de Santiago reunidos na Catedral de Santiago em 14 de março de 1818.

Menos de um mês depois, no dia 5 de abril, em meio à Batalha de Maipú, o general San Martín, percebendo a hesitação de uma ala do seu exército, gritou entusiasmado: “Nossa padroeira, a santíssima Virgem do Carmo, nos dará a vitória e aqui levantaremos a igreja prometida para comemorar esse triunfo!”. A vitória se realizou ali. No mesmo ano, o militar libertador e primeiro chefe de Estado do Chile independente, Bernardo O’Higgins, ordena o cumprimento da promessa de erguer o templo à santa, uma declaração oficial de fé em Nossa Senhora do Carmo. Hoje essa igreja é o famoso Santuário Nacional de Maipú.

Escapulário para a amiga

Vários papas usaram e incentivaram o uso do escapulário. Entre os santos, estão o bispo e escritor italiano Santo Afonso de Ligório, cujo escapulário, com o qual foi enterrado em 1787, permaneceu intacto na sepultura e hoje é venerado em um relicário em Marianella, Nápolis, onde nasceu. São João Bosco (padroeiro de Brasília) é outro caso: morreu em 1888 e, em 1929, sob suas roupas já apodrecidas, encontrava-se em perfeito estado o seu objeto de devoção. A Ordem Carmelita é pródiga em gerar santos, proveu muitos e alguns dos mais importantes nomes da história, como Santa Teresa D'Ávila, São João da Cruz e Santa Terezinha do Menino Jesus.

É conhecido também o carinho especial de João Paulo II, declarado santo em 2014, pelo escapulário do Carmo. O objeto de devoção do papa querido das multidões, morto em 2005, foi um protagonista de destaque em uma passagem da sua vida particular, divulgada na mídia em 2016.

Durante mais de trinta anos, o santo padre manteve grande amizade com uma mulher polonesa naturalizada americana, a filósofa Anna-Teresa Tymieniecka. Eles se conheceram quando o então cardeal Karol Wojtyla era arcebispo de Cracóvia, em 1973. Trocaram centenas de cartas e também fotos ao longo das três décadas e algumas vezes se encontraram. Segundo a emissora BBC, que teve acesso à parte dessa correspondência, o cardeal "deu a Tymieniecka um de seus objetos mais preciosos, um escapulário".

A rede britânica não teve acesso às cartas enviadas pela filósofa, mas afirma que aparentemente ela revelou nutrir profunda estima pelo papa, "porque as cartas escritas por Wojtyla logo depois sugerem um homem lutando para definir em termos cristãos a amizade que mantinham".

"Minha querida Teresa, recebi todas as três cartas. Você escreve sobre estar arrasada, mas não consegui encontrar resposta a essas palavras", escreveu o cardeal em 1976.

A menção ao escapulário surge de forma muito elegante por parte do carismático papa nesta correspondência de 10 de setembro do mesmo ano:

> "No ano passado já estava buscando uma resposta a essas palavras: 'Eu pertenço a você', e finalmente, antes de partir da Polônia, encontrei uma maneira, um escapulário. A dimensão na qual aceito e sinto você em todo lugar em todos os tipos de situações, quando você está perto e quando está distante."

O acesso espiritual ao escapulário não é como o de uma medalha, em que o fiel adquire, o padre benze e já está pronta para ser carregada no pescoço ou distribuída aos parentes. E o privilégio de recebê-lo das mãos do papa,

SABIA DESSA?

Marqués de la Force

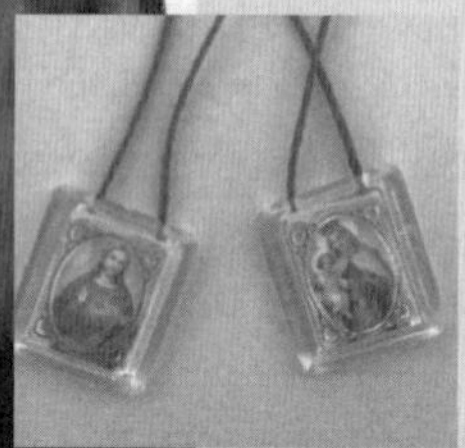

Do acervo da autora

O ESCAPULÁRIO E AS CARMELITAS DESCALÇAS

A priori, escapulário é uma peça usada sobre as escápulas. Pode ser levinha, formada por dois santinhos pendurados em dois cordões e usados no pescoço do fiel (foto menor acima). Ou ainda seguir mais de perto a sua forma original: faixa marrom, larga e comprida, usada sobre o hábito, como se vê no grupo de freiras acima. São Carmelitas Descalças da Argentina usando a veste da Ordem, o escapulário marrom. E por que descalças?

Ordem das Carmelitas Descalças é o ramo da Ordem do Carmo fundado em 1562 pela freira, mística e uma das doutoras da Igreja Santa Teresa D'Ávila, que restaurou as antigas e rigorosas regras do Carmelo, baseadas na contemplação, oração e vida em clausura. Andar descalço era um sinal de rigor da disciplina. Hoje as freiras descalças, que andam calçadas, podem seguir a vida monástica em clausura ou a vida pastoral, fora do claustro.

como ocorreu com a filósofa, acontece para poucas pessoas. A Igreja dispõe de um rito especial, segundo o qual um sacerdote, depois de dar a benção, pronuncia a fórmula da imposição e coloca o escapulário sobre a pessoa. Se há muitos fiéis, ao final da cerimônia os devotos podem impor a si mesmos. O ritual lembra que o objeto sagrado é um sinal de união especial com Maria, da proteção da santa e também do envolvimento da pessoa na construção de um mundo de mais justiça e paz.

"ORAÇÃO A NOSSA SENHORA DO CARMO"

Ó Senhora do Carmo, revestido de vosso escapulário, eu vos peço que ele seja para mim sinal de vossa maternal proteção, em todas as necessidades, nos perigos e nas aflições da vida. Acompanhai-me com vossa intercessão, para que eu possa crescer na Fé, Esperança e Caridade, seguindo a Jesus e praticando Sua Palavra. Ajudai-me, ó mãe querida, para que, levando com devoção vosso santo Escapulário, mereça a felicidade de morrer piedosamente com ele, na graça de Deus, e assim alcançar a vida eterna.
Amém

Fonte: Ordem do Carmo em Portugal
http://www.ordem-do-carmo.pt/index.php/oracoes/24-orao-a-nossa-senhora-do-carmo.html

19

NOSSA SENHORA DA PIEDADE

19

NOSSA SENHORA DA PIEDADE

TEMA TRÁGICO DA VIDA DE MARIA E DO MUNDO HOJE

A mais infinita dor humana vivida por Maria é tema explorado pela arte, e uma realidade terrível e comum no cotidiano, especialmente nas regiões do planeta com pobreza e guerras.

Para quem desconhece o significado de Nossa Senhora da Piedade, uma imagem explica tudo: a *Pietà*, escultura do mestre renascentista Michelangelo (1475-1564). A obra-prima do artista italiano, que se encontra no Vaticano, é a representação do título mariano da Piedade: Maria com o corpo do filho morto nos braços depois de retirado da cruz.

Uma imagem dolorosa, um tema trágico e também atualíssimo, quase banal na vida cotidiana de populações de diferentes regiões do planeta, especialmente entre os pobres e desamparados.

Difícil falar de Nossa Senhora da Piedade desassociada das suas representações artísticas. A *pietà* (piedade, em italiano) foi uma temática explorada na arte por vários dos nomes mais importantes, como Vincent van Gogh, Giovanni Bellini, Eugène Delacroix, Salvador Dalí, Tintoretto, como era conhecido Jacopo Robusti, entre outros. A obra mais famosa, porém, é a escultura de Michelangelo Buonarroti.

O belo, como tão bem descrevem os estudiosos da arte, tem o poder de nos conduzir à experiência da transcendência com muita emoção. Michelangelo esculpiu "aquilo que nos transcende, ou seja, a presença da força

SENTIDOS DA DEVOÇÃO

ALAA ALYUSEF/AP/Glow Images

Pietà do mundo contemporâneo: Hassan Youssef, com os corpos dos filhos mortos em ataque de gás tóxico na Síria

PIEDADE OU SOLIDARIEDADE?

Comiseração e dó: dois significados de piedade no Dicionário Houaiss. Esse tema, que nomeia o título de Maria, bem merece ser repensado num mundo tão fértil em sofrimento humano. Entre os pensadores que o exploram estão Friedrich Nitzsche, crítico voraz do Cristianismo inclusive, e Hanna Arendt. Duas questões ponderadas: a compaixão piedosa enquanto mecanismo de poder, que subjuga, constrange o mal-afortunado; e o maior interesse do piedoso em ter seu atributo moral reconhecido do que reduzir o sofrimento alheio. Já o escritor Honoré de Balzac tem uma máxima inspiradora: "O sentimento que o homem suporta com mais dificuldade é a piedade, principalmente quando a merece... a piedade mata, enfraquece ainda mais a nossa fraqueza". Queremos solidariedade, respeito, aceitação, compreensão, sentimentos tão próprios de Maria.

divina que alimenta e envolve os seus dois personagens: Cristo e Maria; e o caráter humano da cena, o retrato da mãe que deve suportar a morte do filho, caído sobre seu colo, já sem o espírito que o anima", escreve o professor de História da Arte e Crítica de Arte na Universidade Estadual de Londrina, Jardel Dias Cavalcanti.

A obra do gênio renascentista nos aproxima e nos sensibiliza para o sentido desse título de Maria. Piedade está ligado ao sentimento de solidariedade, de se colocar no lugar do outro que sofre, de estar junto na sua dor, evocando a dimensão profundamente humana e, portanto, sublime e divina de cada um. Tudo nessa escultura é da ordem do magnífico, do maravilhoso. O artista tinha só 23 anos e a *Pietà* era um dos seus primeiros trabalhos. Esculpiu a cena em um bloco único de mármore de Carrara, fazendo das duas figuras, mãe e filho, quase uma única. Cristo parece menor e está inserido no corpo de Maria. Ele cabe inteiro no colo dela, que por sua vez tem traços de mulher nova, muito mais jovem do que seria como mãe de um filho de 33 anos de idade.

A cena dramática está lá, é patente, mas a expressão de terror no rosto de

Maria, comum em outras representações, aqui é plácida, tranquila, de uma tristeza profunda, porém resignada, de aceitação. É o que sugere sua mão esquerda aberta, como quem diz: não há o que fazer.

Essa é a única obra de Michelangelo assinada. Segundo consta, porque ele teria ouvido de algumas pessoas que a estátua era obra de um escultor de Milão. Seu nome completo está inscrito na faixa que cruza o peito de Maria e de cujas vestes desdobram-se pregas e mais pregas numa dramaticidade e um realismo impressionantes.

"A cena dramática está lá, é patente, mas a expressão de terror no rosto de Maria, comum em outras representações, aqui é plácida, tranquila, de uma tristeza profunda, porém resignada, de aceitação. É o que sugere sua mão esquerda aberta, como quem diz: não há o que fazer."

A *Pietà* é o maior tesouro artístico da Basílica de São Pedro, no Vaticano, em Roma. Foi finalizada em 1499, mas a devoção à Nossa Senhora da Piedade é muito anterior, vem de pelo menos dois séculos antes. A informação mais antiga de que se tem notícia é a de uma pintura em madeira de Maria com o filho morto no colo, encontrada numa das capelas do claustro da Igreja de Santa Maria Maior, a Sé de Lisboa, na chamada Capela de Nossa Senhora da Piedade, pertencente a uma Irmandade que já existia antes de 1230.

Uma *pietà* brasileira atribuída ao nosso "Michelangelo tropical", como foi chamado o mestre Aleijadinho pelo seu biógrafo, o francês Germain Bazin, é venerada em um templo em Minas Gerais, instalado num cenário de beleza natural arrebatador, o Santuário Basílica Nossa Senhora da Piedade. Fica a apenas 48 quilômetros de Belo Horizonte, no município de Caeté e sobre uma montanha a 1.746 metros de altitude, de onde se contempla uma vista de 360 graus de matas subindo e descendo morros e ainda nove cidades do entorno.

Piedade hoje dá nome à serra, uma área de proteção ambiental onde os biomas do cerrado e da Mata Atlântica se encontram e a variedade de flora é rica e abundante. O san-

RELIGIÃO PELA ARTE

Juan M Romero - Basílica de São Pedro, Cidade do Vaticano.

Museu Van Gogh, Amsterdã, Holanda Vaticano.

PIETÀS DE GRANDES MESTRES

A impressionante *Pietà* de Michelangelo é uma das mais belas obras do Ocidente (acima, à esq.). Outros grandes mestres da pintura, porém, também se dedicaram ao tema trágico de Maria com o filho morto nos braços. A tela de Vincent van Gogh, por exemplo (acima, à dir.), foi produzida com base na litografia de uma pintura, uma *pietà* assinada por outro grande nome, o francês Eugène Delacroix.

Essa obra de Van Gogh tem uma história curiosa. Foi resultado de um acidente. Em carta ao irmão, o artista holandês escreveu: "Aquela litografia de Delacroix, a *Pietà*, caiu, junto com outras folhas, dentro de um pouco de óleo e tinta e estragou. Fiquei triste com isso – nesse meio-tempo, me entreti fazendo uma pintura dela e você vai vê-la um dia". *Pietà (depois de Delacroix)* é de 1889; e a litografia manchada sobreviveu.

tuário se espalha pelo morro, formando um complexo com vários espaços: a Ermida da Padroeira de Minas Gerais - Basílica da Piedade (capela antiga); a Igreja Nova das Romarias; o Caminho das Dores da Mãe da Piedade, onde se medita sobre os sete momentos mais dolorosos da vida de Maria, retratados em mosaicos ao longo da trilha; outros dois caminhos dedicados à Via-Sacra de Cristo; e a Casa dos Peregrinos, entre outros.

A *Pietà* atribuída a Antônio Francisco Lisboa, mais conhecido como Aleijadinho, foi talhada no século XVIII e se encontra até hoje no altar da antiga ermida. Em madeira de cedro, a escultura representa o episódio de forma dramática: Jesus Cristo ensanguentado, com as marcas da Paixão no corpo, estendido sobre o colo de Maria. Na cabeça da mãe, uma auréola formada por sete estrelas que representam os seus maiores sofrimentos. Essas sete dores de Maria se distribuem por outros diferentes cultos, como os de Nossa Senhora das Dores (ver o capítulo 12), do Pranto, das Lágrimas, do Calvário e das Angústias.

O milagre da padroeira de Minas

Quando a então serra ainda era chamada de Caeté, uma garota surda e muda de nascença avistou, por várias vezes, no alto da montanha a imagem de Maria trazendo nos braços o filho. Conta-se que, após as visões, a menina passou a ouvir e falar. Esse fenômeno teria levado o fidalgo português Antônio da Silva Bracarena, que muito provavelmente já conhecia a devoção desde Portugal, a construir no local uma ermida consagrada à Nossa Senhora da Piedade. Em 30 de setembro de 1767, ele foi autorizado a erigir a capela, e a partir de então começaram as peregrinações. Desde 2015, o santuário recebeu mais de 500 mil devotos por ano. Em 2017, comemorou o jubileu de seus 250 anos.

> “A guerra na Síria, entre 2011 e 2016, é um exemplo macabro das *pietàs* contemporâneas. Nesse período, foram mortos cerca de 86 mil civis.”

Nossa Senhora da Piedade é a padroeira de Minas Gerais, proclamada pelo papa João XXIII em 1958. Trazida pelos portugueses, acredita-se que a devoção chegou primeiro em São Paulo, no município de Guaratinguetá, passagem obrigatória para quem saía do Rio de Janeiro e de São Paulo com destino às minas de ouro. Dizem que lá havia uma pequena ermida onde os aventureiros rezavam para pedir proteção na arriscada viagem que empreenderiam rumo a Minas.

Já o primeiro santuário na colônia foi erguido no município mineiro de Barbacena. O belo templo barroco – Paróquia e Santuário Nossa Senhora da Piedade – ostenta a imagem da Virgem da Piedade em madeira vinda de Portugal em 1748.

LUGAR DE DEVOÇÃO

Emídio Bastos/Opção Brasil Imagens

Renato Weil/EM/D.A Press

NA MONTANHOSA MINAS FICA A MENOR BASÍLICA DO MUNDO

Uma ermida que é basílica, e a menor do mundo, está fincada no alto de uma montanha envolta por uma natureza espetacular, construída numa área de proteção ambiental, de onde se tem vista fabulosa de 360 graus.

Em 2017, o papa Francisco elevou à condição de basílicas tanto a capela antiga, do século XVIII, como a Igreja Nova das Romarias, o templo maior, construído nos anos 1970 para receber mais peregrinos e que integra o conjunto arquitetônico da Serra da Piedade. Padroeira do estado de Minas Gerais, a santa é venerada ali há mais de duzentos anos. Na Basílica Ermida, encontra-se a imagem da santa atribuída a Aleijadinho.

Pietàs de carne e osso

O mundo hoje é pródigo em *pietás*. Fotos de pais agarrados aos seus filhos mortos de forma violenta são comuns na imprensa mundial. A guerra na Síria, entre 2011 e 2016, é um exemplo macabro das *pietàs* contemporâneas.

Nesse período, foram mortos cerca de 86 mil civis, entre eles, mais de 15 mil eram crianças ou adolescentes, segundo o Observatório Sírio dos Direitos Humanos.

Pietà de Rilke

O gênio Michelangelo fez poesia na pedra. O poeta alemão Rainer Maria Rilke esculpiu com palavras um poema igualmente intitulado "*Pietà*". Dois artistas de expressões diferentes criando sobre o mesmo tema.

O professor Jardel Dias Cavalcanti escreveu um artigo relacionando e aproximando as duas obras. No cerne da sua reflexão, está a ideia de que "a arte e o artista mergulham nas 'dores do mundo' para trazerem de lá a promessa de felicidade que é a beleza da criação".

Abaixo, o belo poema de Rilke escrito quando ele vivia uma crise de criação. "*Pietà*" é um dos treze poemas da série dedicada à Nossa Senhora (Das Marien-Leben). A tradução transcrita abaixo é da poeta e tradutora Dora Ferreira da Silva:

"O gênio Michelangelo fez poesia na pedra. O poeta alemão Rainer Maria Rilke esculpiu com palavras um poema igualmente intitulado '*Pietà*.' Dois artistas de expressões diferentes criando sobre o mesmo tema."

"Pietà"

Minha miséria agora é completa. Algo sem nome
apoderou-se do meu ser. Imóvel,
como se fora pedra,
o cerne também de pedra.
Apenas uma coisa eu sei:
Cresceste
...cresceste muito
até alcançar a grande dor
que meu coração não pode compreender.
Jazes deitado obliquamente no meu colo
e então, então é impossível de novo
te gerar.

"ORAÇÃO A NOSSA SENHORA DA PIEDADE"

Ó Maria,
Mulher forte, que sustentaste nos braços teu filho morto,
com o coração trespassado de dor.
Cura a nossa insensibilidade diante da dor
de milhares de seres humanos.
Suscita em cada um(a) a santa indignação
que nos tira da zona de conforto
e nos faz sentir a dor do outro como nossa também.
Por vezes, não há muito o que fazer.
Como tu, basta estar perto e junto.
Em outras ocasiões, a piedade move para mudanças.
Promove lutas cidadãs, livra da morte.
Comoção, emoção, união, transformação.
Amém

Autor: Afonso Murad, irmão marista e teólogo

20

NOSSA SENHORA DA BOA VIAGEM

20

NOSSA SENHORA DA BOA VIAGEM

PROTETORA NAS MAIS VARIADAS TRAVESSIAS

Na época dos descobrimentos, era para a santa que os bravos navegadores pediam proteção. Mas a ajuda é disponível em outras boas viagens, como os trajetos rumo à vida interior.

O escritor gaúcho Erico Veríssimo (1905-1975) distingue dois tipos de viajante: "Os que viajam para fugir e os que viajam para buscar". Fugir do trabalho, da rotina, da angústia, do seu próprio tédio... Buscar conhecimento sobre si mesmo e o mundo, encontrar um novo olhar para o outro... Focamos aqui nesses viajantes que buscam, já que, tratando-se de Maria, profundidade nunca é demais.

Muito comum também é o tradicional apelo à santa nos momentos de urgência. Agarrar-se à imagem com força e fé numa viagem de avião, quando a aeromoça corre para o seu assento, afivela o cinto e o comandante anuncia área de turbulência à vista, é providencial. Inclusive, a devoção à santa protetora da Boa Viagem nasceu, ou no mínimo cresceu espantosamente, numa época em que a previsibilidade de sucesso numa viagem era infinitamente inferior à de que dispomos hoje.

No período das Grandes Navegações, entre o século XV e o início do XVII, os pioneiros e intrépidos conquistadores portugueses e espanhóis se aventuravam em viagens pelos oceanos Atlântico, Índico e Pacífico, rumo a um mundo e um trajeto desconhecidos e altamente ameaçadores.

SABIA DESSA?

BUENOS AIRES É HOMENAGEM À MADRE DOS NAVEGANTES

O primeiro nome da capital argentina dada pelo seu fundador, Pedro Mendoza, foi Nuestra Señora del Buen Aire (ou Nossa Senhora do Bom Ar). A hipótese, como se poderia supor apressadamente, de alusão a ar limpo ou proteção contra má qualidade do ar está descartada. O nome vem da padroeira dos navegantes de Sevilha: Madona de Bonaria, que significa bom ar – ou bom vento, numa tradução apropriada à protetora dos homens do mar.
O papa Francisco, claro, conhece bem essa faceta católica da sua cidade Natal e, como fervoroso devoto de Maria, já afirmou: "Antigos laços unem Buenos Aires à vocação mariana". Depois discorreu sobre a origem do nome em missa na praça São Pedro, no Vaticano, ao anunciar sua primeira visita a Buenos Aires depois de eleito. Mas qual a relação entre a padroeira da Sardenha, ilha na Itália, e o espanhol Mendoza, natural de Granada? Segundo a tradição, em 1370, um navio da Espanha em viagem para a Itália, devido a uma tormenta, lançou a carga para fora da embarcação. Dentre esse material, havia uma caixa pesada que, ao tocar as águas, acalmou o mar. Em seu interior, uma imagem de Nossa Senhora com o Menino Jesus. A devoção logo se espalhou, passando a santa a ser invocada pelos marinheiros como sua protetora.

Enfrentavam perigos imaginários, como monstros marinhos que engoliam barcos inteiros, e os reais, como ventos desfavoráveis, ataques de piratas, tempestades, fome e doenças, entre outros, e a proteção só poderia mesmo vir do plano divino.

Muitas vezes, o nome da santa era gravado na popa dos barcos e, no castelo da proa, preparava-se um nicho para ela. Tornou-se conhecida também como Nossa Senhora da Boa Esperança ou ainda Estrela do Mar ou Estrela do Céu pelos navegadores e também pescadores, que esperavam orientação sobre os caminhos por onde navegar e o melhor porto para ancorar.

Bênção nas águas

Aos pés da ilha da Boa Viagem, na ponta da praia de mesmo nome, na ex-capital do Rio de Janeiro, Niterói, os navegantes recebiam a benção em pleno mar. Posicionavam seus barcos voltados para a encantadora capela de Nossa Senhora da Boa Viagem, construída na parte mais alta da ilha, e se ajoelhavam no convés das embarcações para pedir proteção divina durante

Larissa Chilanti/Shutterstock.com

a travessia; na chegada, agradeciam a abençoada volta ao lar, tradição que remonta ao século XVII.

A ilha funcionava como um centro de peregrinações dos homens do mar. Suas festas religiosas eram famosas, cujo ponto alto era uma grande procissão marítima. A capela, conhecida também como Igreja da Boa Viagem, hoje tombada pelo patrimônio histórico, foi construída por volta de 1650, mas passou por várias reformas. Segundo o Iphan (Instituto do Patrimônio Histórico e Artístico), no século XIX, o escritor e viajante inglês Thomas Ewbank relatou que ela era profusamente decorada com temas marítimos. No teto, havia pinturas de cenas de naufrágio e painéis de azulejos holandeses azuis que ornavam as paredes e a pia batismal de porcelana. A maior parte da decoração era resultado de oferendas de marujos e fiéis.

Em Salvador, Bahia, de frente para o mar da praia da Boa Viagem, fica a igreja considerada a mais antiga do país em honra à protetora dos navegantes. O templo barroco, também tombado pelo patrimônio histórico, foi fundado nas primeiras décadas do século XVIII. Exibe nas paredes belos azulejos como ex-votos em agradecimento aos milagres alcançados durante sinistras viagens marítimas.

> “Viajar é trocar a roupa da alma.
>
> Do gaúcho Mario Quintana, jornalista, tradutor e um dos maiores poetas do século XX.”

Tradicionalmente, na passagem de ano, a fé do povo baiano na proteção de Maria se fortalece: Bom Jesus dos Navegantes se une à Nossa Senhora da Boa Viagem e a capital baiana protagoniza os tradicionais festejos das duas devoções, com lavagem da igreja, orações, missas, fogos e procissão no mar.

O culto chegou ao Brasil junto com Pedro Álvares Cabral,

(Página ao lado)
Voltada para a Baía da Guanabara e no ponto mais alto da Ilha da Boa Viagem, a capela funcionava como um altar, de onde um sacerdote abençoava os navegantes no mar. As embarcações eram voltadas para a ilha, e os marinheiros se ajoelhavam no seu interior para receber a benção antes de partir em viagem com a certeza do enfrentamento de perigos; na volta, paravam ali para novamente rezar, no caso, para agradecer o retorno ao lar. Marco natural e histórico de Niterói (RJ), a ilha fica na ponta da praia de Boa Viagem e está ligada ao continente por uma ponte de concreto.

ilustre devoto de Maria. Em 22 de abril de 1500, segundo vários autores, o almirante português desembarcou trazendo na bagagem uma imagem de Nossa Senhora da Boa Esperança (provavelmente com a esperança de chegar bem). Aliás, talvez essa seja a fonte do eterno otimismo do povo brasileiro, com fé inabalável em que tudo sempre vai dar certo – com frequência, ocupamos os primeiros lugares no *ranking* das nações mais esperançosas e confiantes do mundo, de acordo com pesquisa divulgada no ano de 2017.

Expansão dos territórios da santa

> “Em Salvador, Bahia, de frente para o mar da praia da Boa Viagem, fica a igreja considerada a mais antiga do país em honra à protetora dos navegantes. O templo barroco, também tombado pelo patrimônio histórico, foi fundado nas primeiras décadas do século XVIII.”

A Senhora da Boa Viagem se embrenhou pelo Brasil adentro, fazendo história também no sertão do Nordeste e no interior de Minas Gerais, assumindo o nobre título de padroeira da capital mineira.

Como é que essa senhora dos mares foi parar nas montanhas mineiras?

Pelo que se conta, um português resolveu expandir o território da santa, apostando na sua proteção para além das águas. E deu certo. Francisco Homem del Rei integrava a tripulação de uma nau que aportou no Brasil em 1709. Seu comandante, Luis de Figueiredo Monterroio, abandonou, com vários marujos, a vida no mar e foi tentar a sorte na Capitania das Minas. Na hora de partir, Francisco del Rei tirou do barco a imagem da santa e a levou para protegê-los durante a extensa viagem. Ao chegar a Minas, o grupo ergueu uma capelinha para abrigar a imagem. Como o local era ponto de passagem dos tropeiros, que empreendiam longos trajetos transportando mercadorias para comercializar nas regiões interioranas, a então padroeira dos navegadores passou, em Minas Gerais, a ser protetora dos viajantes.

O português Francisco del Rei constituiu uma fazenda que se tornou a mais rica da região. Daí teria surgido, segundo uma das duas versões sobre a origem do povoado, o nome Curral del Rei, local onde em 1897 foi implantada a cidade de Belo Horizonte. O povoado colonial foi se transformando, crescendo cada vez mais. Com isso, a capela já não dava conta da nova capital mineira, que havia substituído a então Vila Rica, hoje Ouro Preto; e a catedral passou a ser uma demanda.

A Catedral Nossa Senhora da Boa Viagem é um dos exemplares mais primorosos do estilo neogótico no país, inaugurada em 1923. Mas, ao construí-la, decidiram derrubar a igreja antiga, o que naturalmente gerou protestos. Um deles, famoso, foi expresso em poesia pelo jurista, político (autor da lei contra a discriminação racial) e ensaísta mineiro Afonso Arinos de Melo Franco.

Quando Afonso Arinos tomou posse na Academia Brasileira de Letras, em 1958, coube ao poeta e amigo pernambucano, Manuel Bandeira, fazer o discurso de recepção a ele. Nele, Bandeira ressalta o lamento de Arinos diante da destruição da "matrizinha mineira": "...pusestes no poema anedótico e piadista dois versos de infinitas perspectivas, dois versos que são grandes poemas em si: 'Boa Viagem... Que lindo nome para um barco a vela!; Boa Viagem... Que lindo nome para um cemitério!'".

"NOSSA SENHORA DA BOA VIAGEM"

A igreja de Nossa Senhora da Boa Viagem
(que lindo nome para um barco a vela!)
Foi construída em 1765
por ordem do capitão-mor das Minas
para os povos de Curral del-Rei.
Nessa igrejinha de janelas verdes
eu me batizei.
No mês de Maria enfeitava-se a nave com folhas verdes
e as meninas cantavam em coro:
"No céu, no céu, com a minha mãe estarei".
No ano de 1925 o senhor diretor de obras
deitou abaixo a Matriz da Boa Viagem
(que lindo nome para um cemitério!)
e construiu no lugar dela
uma catedral gótica, último modelo.
Eu achei que foi bobagem,
mas o povo de Minas disse que era progresso.

Poema de Afonso Arinos de Melo Franco por ocasião da demolição da capela matriz de Boa Viagem e construção da atual Catedral Nossa Senhora da Boa Viagem em Belo Horizonte.

Protetora de um belo caso de amor

No sertão nordestino, Nossa Senhora da Boa Viagem teria socorrido um casal que vivia uma história de amor proibida desde Portugal, segundo conta a tradição oral. A família da bela Agostinha Sanches de Carvalho migrou para Olinda, Pernambuco, entre 1720 e 1725, a fim de fazer fortuna, como tantos patrícios. Porém, a razão maior seria impedir o namoro da jovem Agostinha com o alferes Antônio Domingues Álvares. Provavelmente porque o jovem não contava com os recursos financeiros desejados pelos pais da moça. O fato é que ele não se deixou vencer e também saiu de Portugal, indo parar próximo à casa da família da jovem – uma fazenda em Olinda. Ficou escondido nas imediações à espera de oportunidade para contatar sua amada, até que surgiu uma escrava da família que colhia na mata espinhos de mandacaru, comumente usados na confecção de rendas. Pediu então à mucama que entregasse um bilhete para Agostinha, no qual combinava uma fuga para aquela mesma noite.

> “Os enamorados se casaram, prosperaram financeiramente, fizeram as pazes com a família dela e, por volta de 1772, viabilizaram a construção da Capela de Nossa Senhora da Boa Viagem – hoje a Igreja Matriz Nossa Senhora da Boa Viagem.”

O combinado deu certo. Os dois partiram a cavalo (um único disponível) e percorreram mais de quatrocentos quilômetros. Uma turma de jagunços foi acionada pelo pai e partiu no encalço da dupla de jovens amantes. Para complicar, o cavalo do casal acaba morrendo de tanta fadiga. Desesperada, Agostinha faz uma promessa: se saíssem salvos daquela enrascada, mandariam erguer no local uma capela dedicada a Nossa Senhora da Boa Viagem. Inexplicavelmente, um dos jagunços do grupo passou muito mal, acometido por tétano, e o grupo teria adiado a caçada.

Segundo pesquisadores, os enamorados se casaram, prosperaram financeiramente, fizeram as pazes com a família

Macílio Gomes

Estátua do casal que protagonizou história de um grande amor, marcado por coragem e aventura e que deu nome ao povoado cearense: Cavalo Morto (o animal foi personagem valoroso da história); hoje a cidade chama-se Boa Viagem

dela e, por volta de 1772, viabilizaram a construção da Capela de Nossa Senhora da Boa Viagem – hoje a Igreja Matriz Nossa Senhora da Boa Viagem. O povoado formado em torno da ermida ganhou o nome de Cavalo Morto, passando mais tarde a Boa Viagem. O município localiza-se praticamente no centro do estado do Ceará, e o marco zero da cidade exibe a estátua de Agostinha, Antônio e o cavalo morto.

Padroeira da Rocinha

Ainda sobre o Ceará, o estado é a terra natal, juntamente com a Paraíba, da maioria dos moradores de uma das maiores favelas da América Latina, a famosa Rocinha, no Rio de Janeiro, cuja montanha de problemas (pobreza, alcoolismo, drogas, tráfico, violência contra a mulher, falta de segurança, de emprego, moradia, saneamento) se multiplicam, como diz o pároco e frei franciscano Sandro Roberto da Costa. Nossa Senhora da Boa Viagem é a padroeira dessa comunidade. Sua paróquia completou oitenta anos em 2018. Entre os moradores, o tema da viagem aparece na sua forma mais concreta: a utopia de um dia voltar para a terra saudosa, ainda que só para umas férias.

Muitos dos títulos de Maria versam sobre proteção para necessidades

LUGAR DE DEVOÇÃO

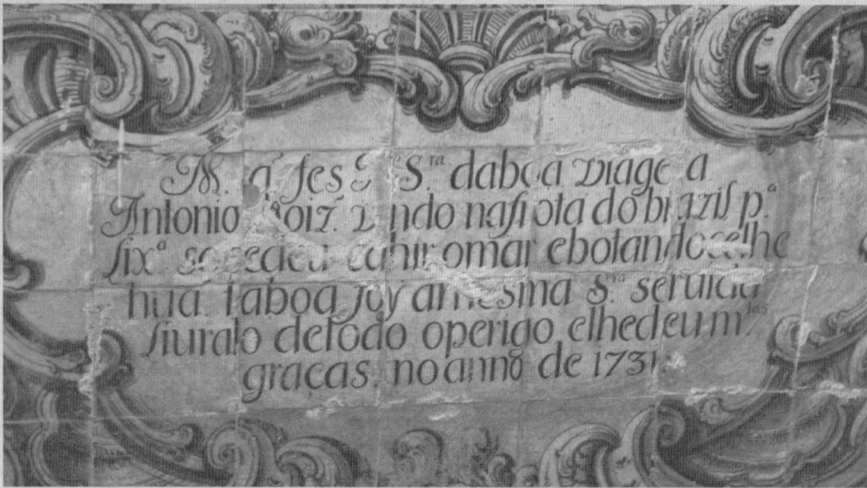

Plinio Lins Veas

Alberto Coutinho/SECTUR BA

ANO NOVO ABENÇOADO NA BAHIA

Começar o ano abençoado por Bom Jesus dos Navegantes e Nossa Senhora da Boa Viagem é tradição iniciada em 1750 em Salvador, na Bahia. As festas acontecem na igreja, na rua e no mar, com milhares de fiéis nas procissões e missas. Os festejos começam antes do Ano-Novo. Mas o momento mais esperado é o cortejo marítimo do 1º de janeiro, quando acontece a volta de Bom Jesus dos Navegantes. A imagem sai da Basílica Nossa Senhora Conceição da Praia e segue para a sua igreja, a da Boa Viagem, a primeira do Brasil dedicada à devoção. Sua capela-mor, em estilo barroco, conta com um belo conjunto de azulejos vindos de Portugal no período de 1743-1746. São ex-votos que trazem histórias de travessias dos navegantes da época.

objetivas, como emprego, saúde, harmonia em casa ou segurança na viagem. O deslocamento geográfico é bem-vindo, mas não imprescindível para empreender uma travessia. Ter um filho, casar, mergulhar numa nova área do conhecimento, escrever uma obra também são grandes viagens, jornadas transformadoras. Não à toa Nossa Senhora da Boa Viagem ficou para o final do livro, pois se estende, se amplifica, se abre para outras formas de viagens, por percursos subjetivos.

"ORAÇÃO A NOSSA SENHORA DA BOA VIAGEM"

Maria, Senhora da Boa Viagem,
esperança dos que navegam em mares bravios!
Tu és guia e auxílio dos que transpõem a vida
por entre perigos do corpo e da alma.
Refugiando-nos sob o teu olhar materno,
empreendemos nossas viagens,
certos do êxito que tiveste
quando caminhaste para visitar a prima Isabel.
Nós te suplicamos, ó Mãe querida:
acompanhai-nos nos caminhos do Bem.
Livrai-nos dos falsos desvios que nos tiram do rumo.
Vem conosco fazer a viagem da interioridade
e das escolhas arrojadas,
pois navegar é preciso....
Amém.

Autor: Afonso Murad, irmão marista e teólogo

21

NOSSA SENHORA APARECIDA

21

NOSSA SENHORA APARECIDA

A PADROEIRA BRASILEIRA DESDE SEMPRE

Símbolo da miscigenação brasileira, Maria, que apareceu na rede de três humildes pescadores, reina há trezentos anos, mede 36 centímetros e é venerada no maior santuário mariano do mundo.

A mãe negra do Brasil já foi branca e imposta à colônia pelo Reino de Portugal. Chamava-se Nossa Senhora da Conceição, e sua devoção por aqui começou cedo: em 1549, provavelmente quando o primeiro governador-geral do Brasil, Tomé de Sousa, desembarcou na Bahia com uma imagem da santa na bagagem e logo mandou construir para ela uma capela na praia. Um século depois, em 1646, o rei dom João IV consagrou o Reino de Portugal a Nossa Senhora da Conceição (ver capítulo 10), e a ela foi atribuída a função de padroeira do Brasil.

Imposição é um método pouco eficiente e geralmente resulta em conquistas efêmeras, frágeis, pouco resistentes. Também parece não combinar com Maria. Ao longo da história, essa figura doce, mas de pulso forte, foi usada pelos homens como bandeira de causas bem estranhas, descabidas, incoerentes, como defender ao mesmo tempo dois países em guerra ou apoiar a prática horrorosa da escravidão humana durante a colonização (e por vezes com a omissão e até cumplicidade da Igreja). A história do surgimento das devoções marianas, porém, mostra que Maria conquista e protege por vias muito diferentes das invocadas acima: pela aproximação amorosa, como a

LUGAR DE DEVOÇÃO

CARDÁPIO ENXUTO DE APARECIDA

Nossa Senhora Aparecida: a Conceição mestiça feita de barro

O maior santuário mariano do mundo dispõe de vários espaços dedicados à vivência espiritual e também contempla uma profusão de áreas com atrativos que vão de lazer e informação histórica a compras. A imagem sagrada da santa fica a quase 37 metros de altura das nossas cabeças, em um retábulo na monumental Basílica. Em torno do altar central, há duas capelas; outras três ficam fora. No subsolo, a impressionante Sala das Promessas; no alto, uma torre de dezesseis andares com mirante. O chamado Centro de Apoio ao Romeiro é um shopping sacro, com mais de trezentas lojas e praça de alimentação. Ao lado, fica o Memorial da Devoção, cujo destaque é o Museu de Cera e as estátuas de devotos famosos, como o cantor Daniel e o ex-jogador Ronaldinho. E quem foi ao Santuário e só viu isso, não sabe metade da missa.

mãe que acolhe, dá força, sofre junto com o filho e socorre nos problemas sociais (pobreza, desemprego) ou existenciais (doença, morte). Ela, às vezes, se apresenta com as mesmas feições e até fala a mesma língua do povo para o qual aparece. O devoto lhe confia seus mais íntimos dramas e súplicas, numa calorosa e poderosa identificação com a santa, sobretudo nos países da América Latina.

No Brasil, 217 anos depois do descobrimento do país, a santa surgiu talvez da maneira sonhada pelo povo, ou pelo menos mais parecida com ele: uma Conceição mestiça. Nem índia, nem branca, mas de pele escura e feições de branca. Longe de ser linda ou glamorosa como a senhora de Lourdes ou a jovem de Nazaré, entre tantas outras madonas, mas mais gordinha, pequenininha e feita de matéria-prima simples, o barro. Para completar, à semelhança do povo local, sofrido, apareceu maltratada, com a cabeça de um lado e o corpo do outro quando emergiu das águas do rio Paraíba, dentro da rede de três pescadores. A missão dos homens naquele dia era conseguir uma montanha de peixes para servir nobres poderosos em passagem pela vila de Guaratinguetá, na região do Vale do Paraíba, no interior paulista.

Era o ano de 1717 e no Vale circulavam além do ouro a caminho do mar, para depois seguir rumo a Portugal, as tropas com mercadorias com destino a Minas Gerais. Pelo caminho, cresciam os povoados e Guaratinguetá era um dos principais deles. Nos primeiros anos do século, iniciou-se um clima de instabilidade social e política. Para controlar a situação, o governo português resolveu unir as capitanias de São Paulo e Minas, deixando-as sob o comando de um único governador. Quem assumiu o posto foi dom Pedro de Almeida Portugal, conhecido como conde de Assumar. A caminho da sede do seu governo, Vila Rica (atual Ouro Preto), o novo governador e sua comitiva tiveram de passar por Guaratinguetá. Chegaram em 17 de outubro e, segundo historiadores, lá permaneceram até o dia 30 do mesmo mês. Essa era a turma para quem os pescadores foram incumbidos pela Câmara local de trazer peixe em profusão para compor o banquete de recepção dos ilustres. Alguns autores afirmam que o alimento seria salgado para garantir as refeições dos visitantes durante o trajeto até Vila Rica. Mas, por infortúnio, não caía peixe nenhum na rede dos três humildes pescadores. Domingos Martins Garcia, João Alves e Felipe Pedroso percorreram uma longa distância sem sucesso, até chegarem ao chamado Porto do Itaguassu, onde João lançou a rede e nela emergiu uma parte da imagem da santa – o corpo. Mais à frente, foi içada a sua cabeça. As duas partes foram embaladas em um pano e guardadas na canoa. Dali em diante, caiu tanto peixe na rede que os três até recearam afundar com o peso no barco.

> “Longe de ser linda ou glamorosa como a senhora de Lourdes ou a jovem de Nazaré, mas maispequenininha e feita de matéria-prima simples.”

Esse é considerado o primeiro milagre da santa, cujo nome Aparecida, consagrado pelos devotos, foi dado justamente por ter a imagem aparecido no rio para os pescadores.

O evento foi registrado quarenta anos depois no Livro do Tombo (documento onde são registrados os acontecimentos mais importantes ocorridos na Igreja) da Paróquia de Guaratinguetá pelo padre João de Morais e Aguiar, vigário de Guaratinguetá, a partir de depoimentos de moradores e do padre

A Basílica é o coração do Santuário Nacional, composto de outras áreas ditas sagradas, como o Porto Itaguaçu, onde foi encontrada a imagem de Nossa Senhora, o Morro do Cruzeiro e a histórica Basílica Velha

João Alves Vilela, vigário da região. O documento traz como data do encontro da imagem "1719, pouco mais ou menos", ou seja, por volta daquele ano. Segundo o teólogo e professor Fernando Altemeyer Junior em seu livro *Aparecida, caminhos da fé,* o Arquivo Histórico Colonial de Lisboa assinala 1717 como o ano da passagem do recém-empossado governador. Afora isso, os nomes dos pescadores e de suas famílias são confirmados pelo livro de batismo da paróquia da cidade.

Como a santinha foi parar no rio?

Se o achado da imagem consta de registros documentados em uma época relativamente próxima do evento (quarenta anos depois), o seu percurso anterior – de onde veio, quem a esculpiu e por que estava quebrada no rio – não consta de documento, e isso acabou gerando várias lendas. Uma delas afirma que a santinha foi jogada no rio para afugentar uma serpente que apavorava constantemente a população. E a imagem teria operado prodígios, pois, depois de arremessada nas águas, a serpente nunca mais apareceu. Curioso na lenda é o sentido bíblico, como assinala o padre Júlio

João Brustoloni, por meio da figura da mulher (Imaculada Conceição) vencendo a serpente (o mal).

Sobre a autoria da escultura, a análise da imagem identificou relação com o trabalho do mestre ceramista e frei beneditino Agostinho de Jesus (1600-1661), um dos precursores da arte sacra colonial no Brasil, que passou parte da sua vida em Santana do Parnaíba. Dentre as obras reconhecidas do frei artista, estão as estátuas esculpidas em terracota (barro cozido) de Santa Escolástica e de São Bento em tamanho natural, que se encontram no Mosteiro de São Bento de São Paulo, além das de Nossa Senhora da Purificação e de Nossa Senhora dos Prazeres, também em barro cozido, que estão no Museu de Arte Sacra de São Paulo.

> Encarar as condições duras do sertão e a violência nas minas pedia proteção máxima, levando todo mundo a requisitar ajuda do plano divino.

Encarar as condições duras do sertão e a violência nas minas pedia proteção máxima, levando todo mundo a requisitar ajuda do plano divino. As famílias de mudança para essas regiões carregavam na bagagem imagens de Jesus Cristo e de Nossa Senhora da Imaculada Conceição, instalando-as depois no oratório doméstico, segundo conta o padre Brustoloni. As peças, em terracota, produzidas por frei Agostinho, costumavam sair do Mosteiro de São Bento (hoje desaparecido), em Santana do Parnaíba, entre 1640 e 1650.

A imagem de Nossa Senhora da Conceição pescada no rio segue as características das esculturas moldadas pelo monge – cabelos com flores em relevo, mãos postas em oração, olhar compassivo. A peça escureceu devido ao tempo passado imersa no lodo do rio e, depois, em razão da fumaça das velas acesas pelos devotos.

Como ela foi parar na água? Padre Brustoloni afirma em seu livro *História abreviada do Santuário de Aparecida* – considerado pelo Santuário Nacional de Nossa Senhora Aparecida a bibliografia oficial – ter certeza de tratar-se de uma dessas imagens que viajavam com os migrantes. A escultura teria se quebrado e, por isso, o devoto a arremessou no rio –

o que faz todo o sentido, considerando a superstição de que imagem quebrada é algo azarento.

No caso, ela levou foi muita sorte para os pescadores. Depois da copiosa pescaria, Felipe, o mais velho dos três, colou a cabeça no corpo da santa e a manteve em casa por cerca de quinze anos. Em 1732, deu a imagem para o filho Atanásio Pedroso, que construiu o primeiro oratório aberto ao público com um altar para a santinha. Todos os sábados, os vizinhos se reuniam para rezar o terço, acender velas e cantar as ladainhas em torno do oratório de Itaguassu. Em um desses encontros, aconteceu o segundo milagre. No seu documento de 1757, o padre Aguiar descreveu assim o famoso fenômeno batizado de "O milagre das velas", como registra o professor Fernando Altemeyer:

"Numa dessas ocasiões se apagaram duas luzes de cera da terra, repentinamente, que alumiavam a Senhora; estando a noite serena, e querendo logo Silvana da Rocha [que organizava a reza] acender as luzes apagadas, também se viram logo de repente acesas sem intervir diligência alguma; foi este o primeiro prodígio, e depois em outra semelhante ocasião viram muitos tremores no nicho e altar da Senhora, que parecia cair a Senhora, e as luzes trêmulas, estando a noite serena."

> "Além dos romeiros, chegavam, entre cientistas, governantes, príncipes e sacerdotes, que descreviam a experiência na passagem por Aparecida."

A notícia dos fatos extraordinários, incluindo os casos de graças alcançadas, se espalhou para outras regiões por meio dos viajantes que transitavam pelo caminho do Vale do Paraíba. E o culto foi crescendo.

As romarias começaram já no oratório doméstico de Atanásio. Nos vinte anos seguintes, a devoção chegou às regiões Sudeste e Centro-Oeste do país, e o espaço para acolher os devotos ficou pequeno.

Em 1745, a imagem ganhou a primeira igreja e o culto a Conceição Aparecida foi oficializado. O pequeno templo, construído em taipa de pilão, ficava no Morro dos Coqueiros, onde hoje é a praça Nossa Senhora Aparecida, na cidade paulista de mesmo nome, e deu origem à atual Matriz Basílica, popularmente chamada de Basílica Velha. Acolheu multidões durante 145 anos. Além dos romeiros, chegavam de longe personalidades variadas, entre cientistas, governantes, príncipes e sacerdotes, que descreviam em textos ou imagens a experiência na passagem por Aparecida.

Entre as aquarelas do francês Jean-Baptiste Debret, reunidas no livro *Viagem pitoresca e histórica ao Brasil*, há uma cena da promessa de uma mulher, no ano de 1827, levando uma vela acesa rumo ao santuário de Aparecida, seguida por uma sinhazinha dentro de uma rede carregada por escravos.

Em *Peregrinação pela província de São Paulo* (1860-1861), o escritor, poeta e jornalista português Augusto Emílio Zaluar descreve assim no jornal *O Lince*, publicação dedicada à cultura do Vale do Paraíba, o impacto da paisagem que testemunhou:

“A praxe da corrupção no país já prejudicava a santa. O dinheiro dos pobres doado à sua protetora era desviado pelos tesoureiros corruptos nomeados por políticos e poderosos. Resultado: levaram vinte anos para erguer apenas a fachada e duas torres do novo templo.”

“As paredes da capela quase que não têm já lugar para as figuras de cêra, troncos, cabeças, braços, pernas e mãos de todos os tamanhos e feitios que se vêem simultaneamente pendurados, ao lado de numerosos painéis, representando êste um pai salvando seu filho das garras de uma fera, aquêle um moribundo restituído à vida por haver invocado, cheio de religiosa piedade, o nome de sua divina protetora, e finalmente a simbólica epopeia de todos os martírios e de todas as dores que angustiam a existência humana.”

Desvio de dinheiro da santa

Na década de 1840, a igrejinha de taipa estava em ruínas e exigia ampliação. O que não faltava era dinheiro no cofre do Santuário. O Vale vivia o apogeu do ciclo do café. Porém, a praxe da corrupção no país já prejudicava a santa. O dinheiro dos pobres doado à sua protetora era desviado pelos tesoureiros corruptos nomeados por políticos e poderosos.

GRATIDÃO À SANTA

Adilson B Liporage/Opção Brasil Imagens

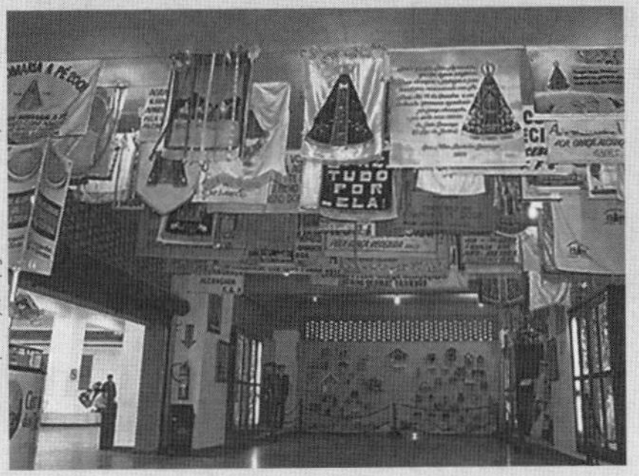

Adilson B Liporage/Opção Brasil Imagens

Do acervo da autora

Do acervo da autora

OFERTA DOS FIÉIS NO PAGAMENTO DE PROMESSA E HOMENAGEM À SANTA

Vestido de casamento, carteira de trabalho, instrumento musical, coturno, passaporte, souvenir de viagem, diploma de curso, máquina de escrever, casinhas, todo tipo de objeto imaginável é levado pelos fiéis em agradecimento à santa por graças alcançadas. Os ex-votos são agrupados por tema e expostos em vitrines ou pendurados no teto, caso das bandeirolas e braços, pernas, entre outras partes do corpo em cera.

A Sala das Promessas ocupa 1,3 mil metros quadrados e recebe 19 mil ex-votos por mês em época normal; na "alta temporada", o número sobe para cerca de 25 mil.

Resultado: levaram vinte anos para erguer apenas a fachada e duas torres do novo templo.

A construção teve fim graças à ação de um intrépido religioso, frei Joaquim do Monte Carmelo, que tomou com firmeza as rédeas do negócio. Baiano valente e de personalidade forte, o frei assumiu a função de empreiteiro da obra.

Luciana Silva Rodrigues/Shutterstock.com

Do acervo da autora

Do acervo da autora

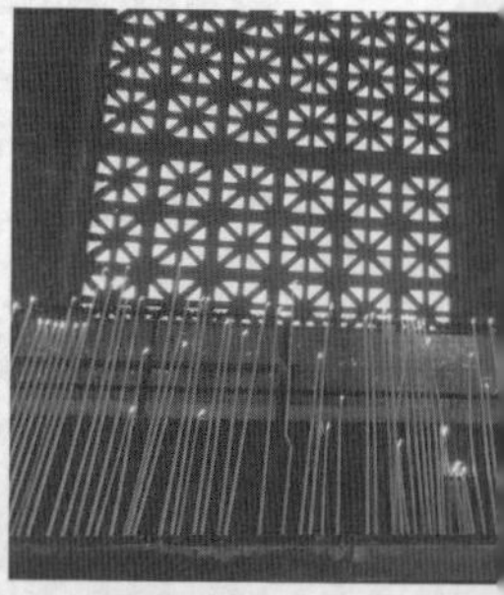

Do acervo da autora

Do acervo da autora

Em sentido horário, a partir da foto da esq., a imagem original da santa, venerada há mais de trezentos anos e que fica exposta em um nicho com quase 37 metros de altura na nave sul do Santuário, local de visita obrigatório; interior da Basílica de Aparecida com parte do altar principal em primeiro plano; um dos locais mais visitados do Santuário, a imponente Capela das Velas; estátua do humorista Renato Aragão no Museu de Cera (em 1999, o famoso devoto percorreu a pé os mais de 170 quilômetros de São Paulo a Aparecida em cumprimento de promessa); e detalhe da Capela das Velas, de onde são retiradas, em um fim de semana movimentado, dez toneladas de cera derretida.

Instalou-se na sacristia da capela antiga e passou a supervisionar os trabalhos. Vendeu o antigo altar e imagens e usou até recursos próprios para viabilizar a empreitada, que não era pequena. Os tesoureiros corruptos tiveram a ousadia de processar Monte Carmelo, que acabou ganhando a briga, felizmente.

Em 1888, a basílica em estilo barroco pôde ser inaugurada. Hoje é monumento de interesse histórico, religioso e arquitetônico tombado pelo Condephaat (Conselho de Defesa do Patrimônio Histórico, Arquitetônico, Artístico e Turístico do Estado de São Paulo).

Milagres famosos

Entre os primeiros e célebres prodígios atribuídos à intercessão da santa, consta o do escravo que, aos pés da imagem de Aparecida, teve as correntes que o prendiam abertas de forma inexplicável. Há várias versões transmitidas oralmente. Esta foi escrita em 1838 pelo padre Francisco Claro de Vasconcellos.

Nas inúmeras narrativas, o negro é chamado de Zacarias, mas, segundo o padre Brustoloni, o relato de Vasconcellos não traz o nome do homem beneficiado pela dádiva. Tratava-se de um fugitivo recém-resgatado que, ao ser reconduzido à fazenda, onde provavelmente levaria uma sova violenta, pediu permissão ao seu senhor para entrar na capela e fazer uma oração. Enquanto rezava diante da imagem de Aparecida, as correntes presas ao seu pescoço e aos pulsos se soltaram. Abismado, o patrão libertou o negro e depositou no altar o valor referente ao preço do negro como oferta à santa. As referidas correntes estão expostas no Museu Nossa Senhora Aparecida, na Torre Brasília do Santuário, e foi talvez o primeiro episódio em que a santa surge relacionada à questão do negro, além do fato de ter a pele escura.

A mais do que tardia abolição da escravatura foi assinada pela princesa e também devota Isabel Cristina. Em 1868, duas décadas antes de sancionar a Lei Áurea, a princesa do Brasil doou à santa uma coroa de trezentos gramas de ouro e quarenta diamantes, a mesma que a pequena imagem de barro ostenta até hoje. O presente teria sido um ex-voto da princesa, em passagem pelo Vale do Paraíba junto com o marido, conde d'Eu, na celebração da festa da santa, em 8 de dezembro. À época, Aparecida ainda era comemorada no dia da Imaculada Conceição, passando depois a ser festejada no quinto domingo após a Páscoa; em seguida, no primeiro domingo de maio, mês de Maria, e por fim no 7 de setembro, data da Independência. Aliás, há quem associe o feito à santa. O dia 21 de agosto de 1882 é a data de uma provável visita de dom Pedro em passagem pelo Vale e que culminou com o Grito do Ipiranga. E por que a festa passou para o atual 12 de outubro? Foi, entre outras razões, o mês em que a imagem foi resgatada nas águas do Paraíba.

A nova rainha

A República chegou em 1889 e, com ela, a separação entre Igreja e Estado. A princesa Isabel se exilou na França, onde passou a viver com a família, e quem cuidou do povo por aqui, no posto de rainha do Brasil, foi a santinha, como meigamente é chamada Nossa Senhora Aparecida. Sua coroação se deu em 8 de setembro de 1904, a maior celebração popular no Santuário até então: "Cerca de 15 mil pessoas, doze bispos, dezenas de padres, coisa inaudita para aquele tempo", nas palavras do padre Brustoloni.

Depois de 26 anos, a Santa Sé declarou Nossa Senhora Aparecida como Padroeira do Brasil. A festa da proclamação realizada no Rio de Janeiro no ano seguinte, em 31 de maio de 1931, foi a glorificação máxima. Historiadores falam em cerca de 1 milhão de pessoas, talvez a maior concentração de massa do país. O então presidente Getúlio Vargas, que se declarava agnóstico, beijou os pés da imagem, representante mais poderosa da identidade religiosa e cívica da nação. No mesmo ano, o Brasil ganhava outro ícone católico: a estátua do Cristo Redentor no topo do Morro do Corcovado. Inaugurado, veja só, no dia de Nossa Senhora Aparecida: 12 de outubro de 1931.

Padroeira em campo

Nossa Senhora Aparecida emocionou e foi lembrada em dois dos maiores símbolos nacionais: o Carnaval e o futebol – neste quando "tomou parte" na primeira vitória do país em uma Copa do Mundo. Foi no ano (1958) em que o Brasil mostrou ao mundo o maior jogador da história e um gênio de pernas tortas: Pelé e Garrincha respectivamente. Na decisão do campeonato, a padroeira exerceu força inspiradora e encorajadora.

A seleção canarinho vinha arrasando em todos os jogos do campeonato. Na final, pegou o time que sediava o campeonato – a Suécia. Acontece que a camisa dos adversários também era amarela, e o campo não podia estar inteiramente tingido pela mesma cor. O chefe da delegação era Paulo Machado de Carvalho, um tremendo supersticioso – só vestia marrom para dar sorte –, além de católico devotado. Quando soube que uma sueca fez o sorteio e o país a mudar a cor da camisa seria o Brasil, ficou preocupado, mas não amarelou. Ao contrário, virou o jogo com maestria. Chamou o jogador Didi e comunicou a novidade cheio de animação, como narra no seu blog o jornalista esportivo e apresentador Juca Kfouri:

"'Didi, a sorte está mesmo do nosso lado', anunciou todo sorridente. 'Por que o senhor diz isso?', perguntou Didi. 'Porque eu acabo de saber que vamos jogar de azul no próximo domingo', respondeu, todo pimpão. 'De azul, dr. Paulo?! Mas de amarelo nós não perdemos nenhuma!', espantou-se Didi. 'Era isso o que eu queria. Azul é a cor do manto de Nossa Senhora Aparecida, Didi, é a cor da nossa santa, homem.' E Didi saiu em desabalada carreira para contar a boa-nova aos seus companheiros de time."

Resultado: na final, a seleção marcou divinamente 5 gols, contra 2 da Suécia.

A santa e o samba

Nossa Senhora Aparecida conseguiu a proeza de atravessar o Sambódromo do Anhembi sem a presença de nus na passarela. Ela foi a ilustre homenageada da escola de samba Unidos da Vila Maria no Carnaval de 2017, ano de aniversário de trezentos anos do encontro da imagem no rio Paraíba. Fantasias comportadas, decoro no desfile, zero de sincretismos e fidelidade aos fatos históricos foram algumas das recomendações da Igreja à escola, uma das mais tradicionais de São Paulo.

Os detalhes do enredo, samba, fantasia, alegorias e toda a criação do es-

NÚMEROS TRANSCENDENTAIS DO SANTUÁRIO DA PADROEIRA

Não apenas a devoção a Aparecida é grandiosa, tudo o mais é de dimensões extraordinárias.

- Visitantes - cerca de 12 milhões por ano.
- Santuário Nacional - área superior a 1,3 milhão de metros quadrados.
- Interior da Basílica - 25 mil metros quadrados de área.
- Torre Brasília - 109 metros de altura, incluindo a cruz.
- Cúpula central da Basílica - 70 metros de altura.
- Sala das Promessas - área de 1,3 mil metros quadrados; cerca de 19 mil a 25 mil ex-votos enviados por mês.
- Passarela da Fé - 292,2 metros de comprimento, que ligam o Santuário à Basílica Velha.

petáculo foram acompanhados de perto pela Igreja durante dois anos. Alas de católicos conservadores esbravejaram, claro. Mas o arcebispo de São Paulo, cardeal dom Odilo Pedro Scherer, explicou seu apoio em um texto elegante, firme e objetivo, divulgado pela imprensa à época:

"Pensemos bem: não rezamos a Santa Missa em praças, estádios e ginásios de esporte, onde tantas coisas pouco decorosas acontecem e são ditas? Não levamos nós o Santíssimo Sacramento para as praças e avenidas, onde acontecem injustiças e violência e prostituição? Para as cracolândias e outros locais, onde se profana a dignidade humana e o santo nome de Deus? Não foi para os pecadores que Jesus veio ao mundo?... E os católicos não poderiam honrar o nome de Deus, professar sua fé e prestar homenagem a Nossa Senhora também no sambódromo?"

Graças a Deus, deve ter pensado o cardeal, deu tudo certo. A atriz Isabel Fillardis representou a santa no Anhembi. O cantor Daniel, devoto fervoroso de Nossa Senhora Aparecida, foi um dos grandes destaques, desfilando sobre o carro alegórico que reproduziu a enorme Basílica. No chão, miss Bumbum 2016, Erika Canela, sambou com o corpo mais coberto do que nunca.

O povo acompanhou emocionado o samba-enredo em forma de oração, enquanto a rainha, nas dimensões da fé popular, imensa (sete metros de altura e em madeira), avançava sobre um carro alegórico. No chão da avenida, uma réplica da escultura de barro pescada no rio, de 36 centímetros de altura, com manto e coroa, entrou carregada pela sambista. O enredo contou como a imagem foi encontrada, os milagres, a devoção dos romeiros.

A classificação da escola não foi exatamente um sucesso na premiação: pegou o sétimo lugar, mas ficou na história dos trezentos anos da padroeira do país mais católico do mundo.

Coincidência ou não, a fundação da escola Unidos de Vila Maria (Grêmio Recreativo Cultural Social Escola de Samba Unidos de Vila Maria) se deu no mesmo ano em que foi lançada a pedra fundamental (a segunda, porque a primeira foi roubada) das obras de construção da Basílica Nova de Aparecida: 1954.

O novo templo foi construído com a colaboração dos devotos romeiros. Ou, nas palavras bem-humoradas e críticas do bispo Antônio Ferreira de Macedo, que participou do início da construção, a empreitada se deu "com o palpite dos ricos, críticas dos padres e dinheiro do povo". Mas houve colaboração dos governos de Juscelino Kubitschek e Emílio Garrastazu Médici.

Aparecida nos jardins de Francisco

O imenso Santuário Nacional de Nossa Senhora Aparecida é o maior do mundo dedicado a Nossa Senhora e o segundo maior templo católico, perde apenas para a Basílica de São Pedro, no Vaticano.

Nossa Senhora Aparecida foi visitada pelos três últimos papas: o querido das multidões, João Paulo II, em 1980; Bento XVI, em 2007, e o papa pop, Francisco, em 2013, quando prometeu que retornaria em 2017 para o tricentenário da santa.

Sua especial devoção a Maria é conhecida, mas, lamentando, informou com antecedência a impossibilidade da viagem. "Pelo menos tenho-a mais perto, aqui", disse o papa Francisco numa manhã de sábado de setembro de 2016, nos Jardins do Vaticano, durante inauguração de um monumento em honra à padroeira do Brasil. No discurso espontâneo que proferiu, citou os tempos críticos atravessados pelo país e rezou por nós:

"... que Ela continue a proteger todo o Brasil, o povo brasileiro, neste momento triste; que proteja os mais pobres, os descartados, os idosos abandonados, os meninos de rua; que ampare os descartados e os que estão nas mãos dos exploradores de todo tipo; que salve o povo com a justiça social e com o amor de Jesus Cristo, seu Filho. Peçamos com amor por todo o povo brasileiro, que Ela, Mãe, abençoe. Foi encontrada pelos pobres trabalhadores: que hoje seja encontrada por todos, de modo especial por aqueles que têm necessidade de trabalho, de educação, por quantos estão privados de dignidade. Rezemos juntos: Ave Maria..."

Matheus Andrade

Papa Francisco na inauguração do monumento dedicado à Aparecida nos Jardins do Vaticano

Do acervo da autora

Parte da Esplanada João Paulo II, no Santuário Nacional, decorada com estátuas dos doze apóstolos

"ORAÇÃO JUBILAR A NOSSA SENHORA APARECIDA"

Senhora Aparecida, Mãe Padroeira, em vossa singela imagem. Há 300 anos aparecestes nas redes dos três benditos pescadores no Rio Paraíba do Sul. Como sinal vindo do céu, em vossa cor, vós nos dizeis que para o Pai não existem escravos, apenas filhos muito amados.
Diante de vós, embaixadora de Deus, rompem-se as correntes da escravidão! Assim, daquelas redes, passastes para o coração e a vida de milhões de outros filhos e filhas vossos.
Para todos tendes sido bênção: peixes em abundância, famílias recuperadas, saúde alcançada, corações reconciliados, vida cristã reassumida.
Nós vos agradecemos tanto carinho, tanto cuidado!
Hoje, em vosso Santuário, nós vos acolhemos como mãe, e de vossas mãos recebemos o fruto de vossa missão entre nós: o vosso Filho Jesus, nosso Salvador.
Recordai-nos o poder, a força das mãos postas em prece!
Ensinai-nos a viver vosso jubileu com gratidão e fidelidade! Fazei de nós vossos filhos e filhas, irmãos e irmãs de nosso Irmão Primogênito, Jesus Cristo. Amém!

Fonte: http://www.a12.com/santuario/campanha-dos-devotos/noticias/oracao-jubilar-300-anos-de-bencaos

BIBLIOGRAFIA

1. Fontes gerais

ACADEMIA BRASILEIRA DE LETRAS (ABL). Academia Brasileira de Letras. Disponível em: http://www.academia.org.br/academicos/afonso-arinos-de-melo-franco/discurso-de-recepcao. Acesso em 17/03/2020.

ACADEMIA MARIAL DO SANTUÁRIO NACIONAL. Site Oficial. Disponível em: https://www.a12.com/academia. Acesso em 16/03/2020.

A DEVOÇÃO das Sete Dores da Santíssima Virgem Maria. **The Fatima Center.** Disponível em: www.fatima.org/port/news/Devocao_das_Sete_Dores.pdf. Acesso em 16/03/2020.

ADUCCI, Edésia. Maria e seus títulos gloriosos. São Paulo: Edições Loyola, 2003.

A LENDA da Nossa Senhora de Nazaré. **Nazaré** (site oficial da Câmara Municipal de Nazaré, Portugal). Disponível em: http://www.cm-nazare.pt/pt/lenda-da-nossa-senhora-da-nazare. Acesso em 17/03/2020.

ALVAREZ, Rodrigo. *Maria*. São Paulo: Globo Livros, 2016.

ALVES, Aparecida Matilde. **Maria de todos os povos.** São Paulo: Paulinas, 2013.

AMADO, Jorge. Tomo da cuia de esmoler. **Folha de S. Paulo**, São Paulo 27/01/1995. Opinião. Disponível em: http://www1.folha.uol.com.br/fsp/1995/1/27/opiniao/9.html. Acesso em 18/03/2020.

ARQUIDIOCESE DO RIO DE JANEIRO. Disponível em http://arqrio.org/noticias/detalhes/4687/festa-para-nossa-senhora-da-cabeca. Acesso em 16/03/2020.

ARQUIDIOCESE DE SALVADOR DA BAHIA. Disponível em: arquidiocesesalvador.org.br/site/. Acesso em 17/03/2020. Indisponível

BASÍLICA DE SANTA MARIA DE GUADALUPE. Disponível em: http://basilica.mxv.mx/web1/-apariciones/Sintesis_Apariciones.html

BARROS, Victor Hugo. 12 curiosidades sobre a Basílica Velha.... **A12 Redação**, 07/03/2017. Disponível em: http://www.a12.com/redacaoa12/igreja/12-curiosidades-sobre-a-matriz-basilica. Acesso em 17/03/2020.

Basílica Santuário da Penha, Rio de Janeiro. Página inicial. Disponível em: https://www.basilicasantuariopenhario.org.br/historia-de-nossa-senhora-da-penha Acesso em 13/03/2020.

BRASIL, IPHAN. Dossiê Iphan I - Círio de Nazaré. **Instituto do Patrimônio Histórico e Artístico Nacional – IPHAN**, Ministério da Cultura. Rio de Janeiro: Iphan, 2006.

BERNARDETE. **Saint Bernadette Soubirous.** Disponível em: http://www.sainte-bernadette-soubirous-nevers.com/en/category/sainte-bernadette-soubirous-en/. Acesso em 16/03/2020.

BRUSTOLONI, Júlio João. **História Abreviada do Santuário de Aparecida.** Aparecida: Editora Santuário, 2000.

Arquidiocese de São Paulo: Região Episcopal da Sé. Disponível em: http://www.arquisp.org.br/regiaose/paroquias/mosteiros-igrejas-historicas-oratorios-da-regiao-se/catedral-metropolitana-nossa-senhora-assuncao-e-sao-paulo-se. Acesso em 16/02/2020.

BOING, Mafalda P. **Guadalupe:** a mãe de Deus nas Américas. São Paulo: Edições Loyola, 2007.

BOFF, Clodovis M. **Mariologia social:** O significado da Virgem para a sociedade. São Paulo: Editora. Paulus, 2016.

CAMASCA, Abel. 15 frases de santos e beatos que te farão amar mais o Santo Rosário. In:

ACIDIGITAL. Disponível em: http://www.acidigital.com/noticias/15-frases-de-santos-e-beatos-que-te-farao-amar-mais-o-santo-rosario-43237/. Acesso em 18/03/2020.

CAPELA de Nossa Senhora da Cabeça. **Instituto Rio Patrimônio da Humanidade (IRPH).** Disponível em http://www0.rio.rj.gov.br/patrimonio/proj_capela_nscabeca.shtm.

Acesso em 16/03/2020.

CAPELA Nossa Senhora Desatadora de Nós. **Búzios Online.** Disponível em: https://m.buziosonline.com.br/pt/02-o-que-ver-e-fazer/0202-esportes-e-lazer/012811739638-capela-de--nossa-senhora-desatadora-de-n-s.

Acesso em 16/03/2020.

CARACTERÍSTICAS de nossa Comunidade: Regra de São Bento, Prólogo 1-3. **Mosteiro da Transfiguração.** Disponível em: https://www.transfiguracao.com.br/o-mosteiro. Acesso em 16/03/2020.

CAVALCANTI, Jardel Dias. **Rilke e Michelângelo, Pietà:** poema de pedra, escultura de palavras. In: Anu. Lit., Florianópolis, v. 19, n. 1, p. 207-214, 2014. ISSNe 2175-7917. Disponível em: **file:///C:/Users/User/Downloads/Dialnet-RilkeEMichelangelo-4776186.pdf.** Acesso em 17/03/2020.

CHAPELLE NOTRE DAME DE LA MEDAILLE MIRACULEUSE. Site oficial. Disponível em www.chapellenotredamedelamedaillemiraculeuse.com/ Acesso em 16/03/2020.

CONGREGAÇÃO DOS RELIGIOSOS DE NOSSA SENHORA. SION: Disponível em: http://nds.sion.org.br/padre-maria.html Acesso em: 30/08/2020. Indisponível

CONGREGAÇÃO DO SANTÍSSIMO REDENTOR: Disponível em: http://www.cssr.com/portugues/whoarewe/iconstory.shtml Acessado em 30/08/2020. Indisponível

CONGREGAÇÃO Para a Doutrina da Fé: A Mensagem de Fátima. **LA SANTA SEDE: FRANCESCO.** Disponível em: http://www.vatican.va/roman_curia/congregations/cfaith/documents/rc_con_cfaith_doc_20000626_message-fatima_po.html Acesso em 16/03/2020.

CONOCE Candelaria. **Candelária.** Site oficial da prefeitura.. Tenerife, Espanha. Disponível em: http://www.candelaria.es/index.php/conoce-candelaria/puntos-de-interes#virgen Acesso em 16/03/2020.

CONSTITUIÇÃO Apostólica do Papa Pio XII *Munificentissimus Deus:* Sobre a Definição do Dogma da Assunção de Nossa Senhora em Corpo e Alma ao Céu. **A Santa Sé.** Disponível em: http://www.vatican.va/content/pius-xii/pt/apost_constitutions/documents/hf_p--xii_apc_19501101_munificentissimus-deus.html. Acesso em 18/03/2020.

CORRESPONDÊNCIA revela relação 'intensa' de João Paulo 2° com filósofa. **BBC Brasil,** 15/02/2016. Disponível em: http://www.bbc.com/portuguese/noticias/2016/02/160215_cartas_papa_tg. Acesso em 17/03/2020.

COUTO, Edilece Souza. **Tempo de festas: homenagens a Santa Bárbara, Nossa Senhora da Conceição e Sant'Ana em Salvador (1860-1940).** Salvador: Editora da Universidade Federal da Bahia, 2010.

CONVENTO DA PENHA. Página inicial. Disponível em: www.conventodapenha.org.br/. Acesso em 13/03/2020.

DIASBH, Lu. **Vírus da Arte & Cia:** Site brasileiro especializado em arte e cultura. Disponível em: http://virusdaarte.net/michelangelo-pieta/. Acesso em 17/03/2020.

FESTA da boa morte. **Cadernos IPAC,** 2. Salvador: Instituto do Patrimônio Artístico e Cultural da Bahia, 2011.

FESTA da Penha: religiosidade movimenta turismo no Espírito Santo. **Secretaria de Estado de Turismo do Governo do Estado do Espírito Santo (SETUR – ES).**

Página inicial. Disponível em: setur.es.gov.br/Not%C3%ADcia/festa-da-penha-religiosidade--movimenta-turismo-no-espirito-santo. Acesso em 16/03/2020.

FRANCISCO, Papa. **O Terço é a oração que acompanha sempre a minha vida; é também a oração dos simples e dos santos...** é a oração do meu coração. Vaticano 07/10/2016. Twitter oficial de Sua Santidade Papa Francisco: @Pontifex_pt. Disponível em:

https://twitter.com/pontifex_pt/status/784358865727000576?lang=pt. Acesso em 16/03/2020.

FREEMAN, Laurence. **Prática diária da meditação cristã.** São Paulo: Paulus, 1995

GRAYLEY, Mônica **Villela. Cúpula Mundial Humanitária da ONU propõe 'Agenda pela Humanidade'.** ACNUR - Agência da ONU para Refugiados. 23/05/2026. Disponível em: http://www.acnur.org/portugues/noticias/noticia/cupula-mundial-humanitaria-da-onu-propoe-agenda-pela-humanidade/?sword_list[]=Segunda&sword_list[]=guerra&sword_list[]=mundiual&no_cache=1. Acesso em 16/03/2020.

HISTÓRIA. **Prefeitura de Jundiaí (SP).** Página inicial. Disponível em: http://www.jundiai.sp.gov.br/a-cidade/historia/. Acesso em 16/03/2020.

HISTÓRIA de Nossa Senhora das Dores. **Basílica Santuário Mãe das Dores.** S.d. Disponível em: http://maedasdoresjuazeiro.com/artigo/historia-de-nossa-senhora-das-dores.html Acesso em 16/03/2020.

HISTÓRIAS, fotografias e significados das igrejas mais bonitas do Brasil. Disponível em: https://patrimonioespiritual.org/2015/06/01/igreja-de-nossa-senhora-da-boa-viagem-salvador-ba/. Acesso em 17/03/2020.

IBGE – Instituto Brasileiro de Geografia e Estatística. Biblioteca: Desterro Paraíba – PB. Disponível em: biblioteca.ibge.gov.br/visualizacao/dtbs/paraiba/desterro.pdf. Acesso em 16/03/2020.

IGREJA Nossa Senhora das Dores. **Prefeitura de Porto Alegre.** Disponível em: http://lproweb.procempa.com.br/pmpa/prefpoa/vivaocentro/default.php?p_secao=61#. Acesso em 16/03/2020.

INSTITUTO Estadual do Patrimônio Histórico e Artístico de Minas Gerais:
http://www.iepha.mg.gov.br/banco-de-noticias/592-nossa-senhora-da-purificacao-da-luz-das-candeias-ou-candelaria

JÚNIOR, Eliel Rafael Da Silva. A História do Município de Boa Viagem. **História de Boa Viagem,** 31/05/2010. Disponível em: http://www.historiadeboaviagem.com.br/a-historia-do-municipio-de-boa-viagem/. Acesso em 17/03/2020.

LE bilan économique Embellie de l'économie régionale en 2016. **Insee Conjoncture: Occitanie nº 8.** Disponível em: PDF bilan: lourdes_bilan_et_perspectives_2017.pdf. Acesso em 18/03/2020.

LOBO, Larissa Haddock. **Festa para Nossa Senhora da Cabeça.** Site daImperial Irmandade de Nossa Senhora do Rosário e São Benedito dos Homens Pretos: Disponível em: http://irmandadedoshomenspretos.org.br/site/nossa-senhora-do-rosario/ Acessado em 30/08/2020. Indisponível

LOS Ojos de La Virgen de Guadalupe y su Análisis Digital. Fragmento do documentário La Virgen de Guadalupe, da série Celebraciones, canal Infinito. Disponível em: www.youtube.com/watch?v=eYCgJrJ6NYk. Acesso em 16/03/2020.

LOURDES Sanctuaire. Disponível em: https://www.lourdes-france.org/guerisons-miracles. Acesso em 16/03/2020.

MARIA. **Ordem dos Servos de Maria – OSM.** Disponível em: http://servitasbrasil.org/site/maria/. Acesso em 16/03/2020.

MATTOS, Eduardo. **Desatadora:** a Virgem que o papa Francisco converteu em fenômeno de fé. Campinas: Editora MM, 2016.

MEGALE, Nilza Botelho. **Invocações da Virgem Maria no Brasil.** Petrópolis: Editora Vozes, 2001.

MONTE SIÃO – Minas Gerais MG: Histórico. In: ENCICLOPÉDIA dos Municípios Brasileiros – Volume XXVI ano 1959. Instituto Brasileiro de Geografia e Estatística – IBGE. Disponível em: biblioteca.ibge.gov.br/visualizacao/dtbs/minasgerais/montesiao.pdf. Acesso em 16/03/2020.

MOURA, Clóvis. **Dicionário da escravidão negra no Brasil.** São Paulo: Edusp, 2004.

MOURÃO, Ronaldo Rogério de Freitas. VIAGEM à constelação do Cruzeiro do Sul. **Super Interessante,** 30/04/1990. Disponível em : https://super.abril.com.br/tecnologia/viagem-a-constelacao-do-cruzeiro-do-sul/#. Acesso em 16/03/2020.

MURAD, Afonso. **Maria toda de Deus e tão humana:** Compêndio de Mariologia. São Paulo: Editora Santuário, 2016.

Musée des Tissus / Textile Arts Museum, Lyon, França. Página inicial. Disponível em: http://www.mtmad.fr/fr/Pages/TopNavigation/EXPOSITION_ET_ACTUALITES/MT-EXPOSITIONS_TEMPORAIRES/expos/Exposition-3.aspx. Acesso em 16/03/2020.

NARRATIVA das aparições de Fátima. Santuário de Fátima. Disponível em: http://www.fatima.pt/pt/pages/narrativa-das-aparicoes. Acesso em 16/03/2020.

NATIONAL SHIRNE OF OUR MOTHER OF PERPETUAL HELP, 2017. Página inicial. Disponível em: http://www.baclaranchurch.org/architecture.html. Acesso em 16//03/2020.

NOSSA Senhora da Penha. **Arquidiocese de São Paulo.** Paróquias. Disponível em: http://www.arquisp.org.br/liturgia/santo-do-dia/nossa-senhora-da-penha. Acesso em 18/03/2020.

NOSSA SENHORA DESATADORA DOS NÓS. Página inicial. Disponível em: http://www.mariadesatadoradosnos.com.br/encontro-desatadora. Acesso em 16/03/2020.

O ÍCONE de Nossa Senhora do Perpétuo Socorro. **Basilique Notre Dame du Perpétuel Secours.** Página Inicial. Disponível em: http://basilique-ndps.fr/?page_id = 129. Acesso em 17/03/2020.

OLIVEIRA, Myriam Andrade Ribeiro de; JUSTINIANO, Fátima. Barroco e Rococó nas Igrejas do Rio de Janeiro, vol. 2. Brasília: Iphan/Programa Monumenta, 2008.

PAPA Francisco: Fátima 2017. Pastorinhos. Disponível em http://www.papa2017.fatima.pt/pt/pages/pastorinhos. Acesso em 16/03/2020.

Prefeitura de Niterói. Página inicial. Disponível em: http://www.niteroi.rj.gov.br/index.php?option = com_content&view = article&id = 4332 Acesso em 17/03/2020.

PREFEITURA MUNICIPAL DE NOSSA SENHORA DAS DORES/SE. História. Disponível http://www.nossasenhoradasdores.se.gov.br/histori. Acesso em 16/03/2020.

Rádio Vaticano. http://br.radiovaticana.va/news/2017/03/09/rolling_stone_it%C3%A1lia_o_papa_%C3%A9_pop!/1297557

Real Santuario de la Virgem de la Cabeza, Espanha: disponível em: http://www.santuariovirgencabeza.org/page/historia Acesso em:

RODRIGUEZ, Jeanette. **Our Lady of Guadalupe:** Faith and Empowerment among Mexican-American Women. University of Texas Press, 2001.

SANCHA, Natália. **Sobreviventes do ataque químico na Síria:** "Respirava-se morte". El País Brasil, 07/04/2017. Disponível em: https://brasil.elpais.com/brasil/2017/04/06/internacional/1491493398_159419.html. Acesso em 17/03/2020.

SANT'ANNA, Sabrina Mara. **A boa morte e o bem morrer:** Culto, doutrina, iconografia e Irmandades Mineiras (1721 A 1822). 2006. Dissertação de Mestrado - Departamento de Pós-Graduação em História da Faculdade de Filosofia e Ciências Humanas da Universidade Federal de Minas Gerais. Disponível em: http://www.bibliotecadigital.ufmg.br/dspace/handle/1843/VCSA-6X6PTL. Acesso em 18/03/2020.

SANTUARIO NACIONAL DE MAIPÚ, CHILE. Página inicial. Disponível em: http://santuarionacional.cl/historia/. Acesso em 17/03/2020.

SANTUÁRIO NOSSA SENHORA DA PIEDADE, em Caeté, MG: http://www.santuarionsdapiedade.org.br/historia.ph. Acesso em 17/03/2020.

Santuário Nuestra Señora de la Peña de Francia, Espanha, Espanha. Página inicial. Disponível em: http://www2.dominicos.org/pdefrancia/pagines/PFrancia.htm. Acesso em 16/03/2020.

SCIADINI, frei Patrício. **Santo Escapulário de Nossa Senhora do Carmo:** fé ou superstição? São Paulo: Edições Loyola, 2001.

SCIADINI, frei Patrício. **Escapulário de Nossa Senhora do Carmo.** São Paulo: Edições Loyola, 2003.

SECRETARIA Municipal de Turismo, Tecnologia e Desenvolvimento Econômico: História.

Prefeitura de Florianópolis (SC). Página inicial. Disponível em: http://www.pmf.sc.gov.br/entidades/turismo/index.php?cms=historia. Acesso em 16/03/2020.

SENAC MINAS. **Descubra Minas.com.** Disponível em: http://www.descubraminas.com.br/Turismo/DestinoAtrativoDetalhe.aspx?cod_destino=1&cod_atrativo=241. Acesso em 17/03/2020.

Sistema de Informação para o Patrimônio Arquitetônico – Sipa, Portugal. Página inicial. Disponível em: http://www.monumentos.gov.pt/Site/APP_PagesUser/Default.aspx. Acesso em 16/03/2020.

SUDILOVSKY, Judith. **At the Milk Grotto, 'evidence that there is God'.** In: Our Sunday Visitor 17/12/2015. Disponível em: https://www.osv.com/OSVNewsweekly/ByIssue/Article/TabId/735/ArtMID/13636/ArticleID/18836/At-the-Milk-Grotto-evidence-that-there-is-God.aspx. Acesso em 16/03/2020.

TINHORÃO, José Ramos. **As festas no Brasil Colonial.** São Paulo: Editora 34, 2000.

VÁRZEA, Virgílio. **Santa Catarina, a ilha.** Florianópolis: Imprensa Oficial do Estado de Santa Catarina, 1984. 2. Fontes dos trechos literários reproduzidos no livro

2 Fontes dos trechos literários reproduzidos no livro

ALTEMEYER JR., Fernando (texto); CORDEIRO, José (fotos). **Aparecida:** caminhos da Fé. São Paulo. Edições Loyola, 1998.

BANDEIRA, Manuel. **Antologia de Poetas Brasileiros Bissextos Contemporâneos.** Rio de Janeiro. Organização Simões, 1964.

BANDEIRA, Manuel. **Guia de Ouro Preto.** Rio de Janeiro: Ediouro, 2000.

BANDEIRA, Manuel. Oração a Nossa Senhora da Boa Morte. In: **Estrela da manhã.** São Paulo: Global Editora, 2012.

BORRADORI, Giovanna. Filosofia em tempo de terror: *diálogos com Habermas e Derrida.* Ed. Zahar, 2020.

FILHO, Pedro Hase. **Lendas Gaúchas.** Porto Alegre: RBS Publicações, 2007. Apud

IGREJA de Nossa Senhora das Dores e a Lenda das Torres Malditas. **Rene Hass - Lugares por onde passe.** Disponível em: http://renehass.blogspot.com.br/2009/01/igreja-de-nossa-senhora-das-dores-e.html. Acesso em 30/08/2020.

HINMO de la Virgen de la Cabeza. **Real Cofradía de Nuestra Senora la Santísima Virgen de la Cabeza Torredonjimeno.** Disponível em: http://www.realcofradiavirgendelacabezadetorredonjimeno.com/index.php?option=com_content&view=article&id=18&Itemid=12. Acesso em 30/08/2020.

JUNG, Carl Gustav. **A resposta a Jó.** Petrópolis: Editora Vozes, 2011.

______. **Os arquétipos e o inconsciente coletivo.** Petrópolis: Vozes, 2000.

JÚNIOR, Augusto de Lima. **História de Nossa Senhora em Minas Gerais,** apud Revista Altus Ciência v.4 n.4 jan. a dez 2016. Disponível em: fcjp.edu.br/pdf/altusciencias2016.pdf. Acesso em 18/03/2020.

JÚNIOR, Augusto de Lima. **História de Nossa Senhora em Minas Gerais.** Belo Horizonte: Autêntica Editora, 2008.

KFOURI, Juca. **Meninos, eu vi...** São Paulo: DBA Lance!, 2003.

LEITE, Serafim. **Suma histórica da Companhia de Jesus no Brasil.** Lisboa: Livraria Portugalia, 1965. Apud Agência Boa Imprensa: http://agenciaboaimprensa.blogspot.com.br/search?q=Cristo+redentor

LELOUP, Jean-Yves. **O Ícone: Uma escolha do olhar.** São Paulo. Editora Unesp, 2006.

MACEDO, Joaquim Manuel de. **Um passeio pelo Rio de Janeiro,** (1862). Brasília: Senado Federal, Conselho Editorial, 2005. Disponível em: http://www.dominiopublico.gov.br/pesquisa/DetalheObraForm.do?select_action=&co_obra=19326. Acesso em 18/03/2020.

MACHON, Henryk. **O Cristianismo em C. G. Jung.** Petrópolis: Vozes, 2017.

MARCELO, Carlos; RODRIGUES, Rosualdo. **O fole roncou! Uma história do forró.** Rio de Janeiro: Zahar, 2012.

MEIRELES, Cecília. Romance VIII ou do Chico Rei. In: **Romanceiro da Inconfidência.** Rio de Janeiro: Editora Nova Aguilar, 1994.

PAPA abençoa monumento a Nossa Senhora Aparecida e reza pelo Brasil. **Vatican News.** Disponível em: https://www.facebook.com/watch/?v=1031537386954308. Acesso em 18/03/2020.

PAZ, Octavio. Entre Orfandad y Legimitidad (prefácio). In: LAFAYE, Jacques **Quetzalcóatl y Guadalupe:** La Formación de la Conciencia Nacional en México. México: (Fondo de Cultura Económica, 1977.

PINTO, padre Benedito Ramon; JÚNIOR, Lourenço Guireli. **Santuário Nossa Senhora Milagrosa.** São Paulo: Vida & Consciência, 1999.

RÁDIO Vaticano (Home **Archivio). Papa Francisco concede entrevista ao jornal alemão Die Zeit** 2017-03-09 18:26:00. Disponível em: http://pt.radiovaticana.va/news/2017/03/09/papa_francisco_-_entrevista_ao_jornal_die_zeit/1297659. Acesso em 18/03/2020.

RILKE, Rainer Maria. **Vida de Maria.** Petrópolis: Vozes, 1995.

SAID, Edward. **Reflexões sobre o exílio e outros ensaios.** São Paulo: Companhia das Letras, 2003.

SCHERER, Cardeal Odilo Pedro. Nossa Senhora Aparecida no Carnaval. **O São Paulo (ed. 3137).** São Paulo, 08/02/2017. Disponível em : https://www.a12.com/redacaoa12/opiniao/nossa-senhora-aparecida-no-carnaval-por-dom-odilo-scherer Acesso em 09/03/2020.

VIEIRA, padre Antônio. **Sermão de Nossa Senhora do Ó (1640).** Universidade Federal de Santa Catarina – UFSC. Disponível em: http://www.dominiopublico.gov.br/pesquisa/DetalheObraForm.do?select_action=&co_obra=16397. Acesso em 18/03/2020.

3. Fontes dos trechos de música reproduzidos no livro

GIL, Gilberto. Não tenho medo da morte. In: GIL, Gilberto. **Banda larga cordel.** Rio de Janeiro: Warner Music, 2008. 1 CD. Faixa 8. 1.

MORAIS, Guio de; NASSER, David. **Baião da Penha**. In: GONZAGA, Luiz. Álbum nº 800827/RCA Victor, 1951/lado B. Disco 78 rpm.

NOGUEIRA, João; PINHEIRO, Paulo César. GUERREIRA. In: NUNES, Clara. **Guerreira.** Rio de Janeiro. EMI-Odeon, 1978. Faixa 1. LP/CD. Pedaço de mim, de Chico Buarque (1977-1978) para a peça Ópera do Malandro.

LISTA DE FONTES DE ORAÇÕES

ORAÇÃO a Nossa Senhora da Assunção. Texto enviado pelo autor, o irmão marista e teólogo Afonso Murad.

ORAÇÃO a Nossa Senhora da Boa Morte. **A12 Redação.** Disponível em: https://www.a12.com/redacaoa12/igreja/oracao-a-nossa-senhora-da-boa-morte. Acesso em 18/03/2020.

ORAÇÃO a Nossa Senhora da Boa Viagem. Texto enviado pelo autor, o irmão marista e teólogo Afonso Murad.

ORAÇÃO a Nossa Senhora da Cabeça. **Capela Sto Isidoro,** Paróquias de Portugal. Disponível em: . http://www.paroquias.org/oracoes/?o=77. Acesso em 18/03/2020.

ORAÇÃO a Nossa Senhora do Bom Parto. **Nossa Senhora do Bom Parto** (São Paulo). Disponível em: www.paroquiabomparto.org.br/oracao-a-nossa-senhora-do-bom-parto/. Acesso em 18/03/2020.

ORAÇÃO a Nossa Senhora da Conceição. **Paróquia Nossa Senhora da Conceição (Pedro Leopoldo).** Disponível em: http://arquidiocesebh.org.br/nossa-senhora-da-conceicao/paroquia/padroeira/. Acesso em 18/03/2020.

ORAÇÃO a Nossa Senhora Desatadora dos Nós. Canção Nova. Disponível em: https://formacao.cancaonova.com/espiritualidade/oracao/oracao-a-nossa-senhora-desatadora-de-nos/. Acesso em 18/03/2020.

ORAÇÃO a Nossa Senhora das Dores. Santuário Nacional Aparecida. Disponível em: http://www.a12.com/santuario-nacional/noticias/detalhes/rezando-com-maria-nossa-senhora-das-dores. Acesso em 18/03/2020.

ORAÇÃO a Nossa Senhora do Carmo. **Ordem do Carmo em Portugal.** Disponível: http://www.ordem-do-carmo.pt/index.php/oracoes/24-orao-a-nossa-senhora-do-carmo.html. Acesso em 18/03/2020.

ORAÇÃO a Nossa Senhora das Graças. **Canção Nova.** Disponível em:
https://formacao.cancaonova.com/espiritualidade/oracao/oracao-nossa-senhora-das-gracas/. Acesso em 18/03/2020.

ORAÇÃO a Nossa Senhora de Fátima. Texto enviado pelo autor, o irmão marista e teólogo Afonso Murad.

ORAÇÃO a Nossa Senhora da Luz. **Paróquia Nossa Senhora da Luz.** Disponível em: http://www.paroquianossaluz.com.br/institucional.aspx?ID=9. Acesso em 18/03/2020.

ORAÇÃO a Nossa Senhora da Penha. Santuário de Nuostra Señora de la Peña de Francia. Disponível em: http://www2.dominicos.org/pdefrancia/pagines/Plegarias.htm. Acesso em 17/03/2020.

ORAÇÃO a Nossa Senhora do Desterro. **Romaria Brasil.** Disponível em: http://www.romariabrasil.com.br/2017/03/30/oracao-a-nossa-senhora-do-desterro/. Acesso em 18/03/2020.

ORAÇÃO a Nossa Senhora de Guadalupe. **Arquidiocese de Olinda e Recife.** Disponível em: http://www.arquidioceseolindarecife.org/2016/12/arquidiocese-celebra-a-virgem-de-guadalupe/. Acesso em 18/03/2020.

ORAÇÃO a Nossa Senhora de Lourdes. **Paróquia Nossa Senhora de Lourdes:** Jardim Botânico – Curitiba-PR. Disponível em: http://www.santuariolourdes.com.br/oracao.htm. Acesso em 18/03/2020.

ORAÇÃO a Nossa Senhora do Perpétuo Socorro. Santuário **Nossa Senhora do Perpétuo Socorro: Curitiba – Paraná.** Disponível em: http://www.perpetuosocorro.org.br/nossa-senhora-do-perpetuo-socorro/. Acesso em 18/03/2020.

ORAÇÃO a Nossa Senhora da Piedade. Texto enviado pelo autor, o irmão marista e teólogo Afonso Murad.

ORAÇÃO a Nossa Senhora do Rosário. **Paróquia Nossa Senhora do Rosário,** Concórdia, SC. Disponível em: http://paroquiarosario.com.br/oracoes/oracao-a-nossa-senhora-do-rosario. Acesso em 18/03/2020.

ORAÇÃO Jubilar a Nossa Senhora Aparecida. **Santuário Nacional Aparecida.** Disponível em: http://www.a12.com/santuario/campanha-dos-devotos/noticias/oracao-jubilar-300-anos-de-bencaos. Acesso em 18/03/2020.

Créditos de citações

Os números de página no início dos créditos referem-se à presente obra.

p.9 GIL, Gilberto. Não tenho medo da morte. In: GIL, Gilberto. **Banda larga cordel**. Rio de Janeiro: Warner Music, 2008. 1 CD. Faixa 8. 1.; p.14 BANDEIRA, Manuel. **Estrela da Manhã.** In: BANDEIRA, Manuel. **Estrela da Vida Inteira**. 6.ed. Rio de Janeiro, J. Olympio, 1976.; *p.22* MARCELO, Carlos; RODRIGUES, Rosualdo. **O fole roncou! Uma história do forró.** Rio de Janeiro: Zahar, 2012.; *p.23; p.27* MORAIS, Guio de; NASSER, David. **Baião da Penha**. In: GONZAGA, Luiz. Álbum nº 800827/RCA Victor, 1951/lado B. Disco 78 rpm.; *p.34* FERREIRA, Benedito Ramon Pinto; GUIRELI Júnior, Lourenço. **Santuário Nossa Senhora da Medalha Milagrosa.** Editora: Vida & Consciência. Monte Sião - MG, 1999.; *p.47* MACEDO, Joaquim Manuel de. **Um passeio pela cidade do Rio de Janeiro**. Senado Federal, Secretaria Especial de Editoração e Publicação. Brasília, 2005.; *p.71* BANDEIRA, Manuel. **Guia de Ouro Preto**. São Paulo: Global Editora, 2015.; *p.72* MEIRELES, Cecília. **Romanceiro da Inconfidência.** Rio de Janeiro: Nova Fronteira,1989.; *p.82* Rádio Vaticano (Home Archivio). **Papa Francisco concede entrevista ao jornal alemão Die Zeit** 2017-03-09 18:26:00. Disponível em http://www.archivioradiovaticana.va/storico/2017/03/09/papa_francisco_-_entrevista_ao_jornal_die_zeit_/pt-1297659 Consulta em 11/03/2020; *p.85* BOURGERIE, Denis. **Como NS Desatadora dos Nós chegou ao Brasil**. Disponível em https://www.mariadesatadoradosnos.com.br/conteudo/como-ns-desatadora-dos-nos-chegou-ao-brasil/. *Consulta em 11/03/2020; p.94* PAZ, Octavio, Entre orfandad y legitimidade(prefácio). In: LAFAYE, Jacques, **Quetzalcóatl y Guadalupe**: La formación de la conciencia nacional en México. México: FCE, 1977.; *p.120* NOGUEIRA, João; PINHEIRO, Paulo César. GUERREIRA. In: NUNES, Clara. Guerreira. Rio de Janeiro. EMI-Odeon, 1978. Faixa 1. LP/CD.; *p.130* BORRADORI, Giovanna. **Filosofia em tempo de terror:** *diálogos com Habermas e Derrida*. Ed. Zahar, 2020.; *p.132* SAID, Edward. **Reflexões sobre o exílio e outros ensaios.** São Paulo: Companhia das Letras, 2003.; *p.138* BUARQUE, Chico. Pedaço de mim. In: BUARQUE, Chico. **Ópera do Malandr**o. Rio de Janeiro. Universal, 1978. Faixa 15. LP.; *p.170* LELOUP, Jean-Yves. **O Ícone: Uma escolha do olhar.** São Paulo. Editora Unesp, 2006.; *p.192* JUNG, Carl Gustav. Os arquétipos e o inconsciente coletivo. Petrópolis: Vozes, 2000.; *p.201* MOREIRA, Eidorfe. **Visão geo-social do Círio.** Belém, Gráfica Universitária, 1971.: *p.210* SCIADINI, Patrício. **Escapulário de Nossa Senhora do Carmo**. São Paulo. Edições Loyola, 1998.; *p.214* ANDRADE, Oswald de. escapulário. **Pau Brasil**. São Paulo: Globo, 2003.; *p.237* FRANCO, Afonso Arinos de Melo. Nossa Senhora da Boa Viagem. In: BANDEIRA, Manuel. **Antologia de Poetas Brasileiros Bissextos Contemporâneos.** Rio de Janeiro. Organização Simões, 1964.; *p.247* ALTEMEYER JR., Fernando (texto); CORDEIRO, José (fotos). **Aparecida**: caminhos da Fé. São Paulo. Edições Loyola, 1998.; *p.254* KFOURI, Juca. Vestimos azul, e a nossa sorte, então, mudou. IN: KFOURI, Juca. **Meninos, eu vi...**.São Paulo: DBA Lance!, 2003.; *p.255* Scherer, Cardeal Odilo Pedro. Nossa Senhora Aparecida no Carnaval. **O São Paulo (ed. 3137)**. São Paulo, 08/02/2017. Disponível em: https://www.a12.com/redacaoa12/opiniao/nossa-senhora-aparecida-no-carnaval-por-dom-odilo-scherer. Consulta em 09/03/2020.

Coordenação editorial e preparação: Sandra R. F. Espilotro
Revisão: Andressa Veronesi e Carmen T. Costa
Revisão técnica: teólogo e irmão marista Afonso Murad
Projeto gráfico e diagramação: A2
Capa: A2/Mika Matsuzake
Ilustração de capa: Claudia Nên

Dados Internacionais de Catalogação na Publicação (CIP)

Kranz, Bell
21 Nossas Senhoras que inspiram o Brasil / Bell Kranz. -- São Paulo: Planeta, 2020.
264 p.

ISBN 978-65-5535-150-7

1. Maria, Virgem, Santa 2. Maria, Virgem, Santa - Títulos - História 3. Santas - Brasil I. Título

20-2707 CDD 232.91

Índices para catálogo sistemático:
1. Maria, Virgem, Santa

Acreditamos nos livros

Este livro foi composto em ITC Slimbach
Impresso pela Gráfica Santa Marta para a Editora Planeta do Brasil em setembro de 2020.

2020
Todos os direitos desta edição reservados à
Editora Planeta do Brasil Ltda.
Bela Cintra, 986 – 4º andar – Consolação
01415-002 – São Paulo-SP
www.planetadelivros.com.br
faleconosco@editoraplaneta.com.br